老年人身体锻炼功能训练指南

陈洁星 著

 海峡出版发行集团 | 福建科学技术出版社
THE STRAITS PUBLISHING & DISTRIBUTING GROUP | FUJIAN SCIENCE & TECHNOLOGY PUBLISHING HOUSE

图书在版编目（CIP）数据

老年人身体锻炼功能训练指南 / 陈洁星著. -- 福州：福建科学技术出版社, 2025.3. -- ISBN 978-7-5335-7319-5

Ⅰ.G806-62

中国国家版本馆CIP数据核字第2024N7J270号

出 版 人　郭　武
责任编辑　李丛彦
装帧设计　刘　丽
责任校对　林锦春

老年人身体锻炼功能训练指南

著　　者	陈洁星
出版发行	福建科学技术出版社
社　　址	福州市东水路76号（邮编350001）
网　　址	www.fjstp.com
经　　销	福建新华发行（集团）有限责任公司
印　　刷	福州印团网印刷有限公司
开　　本	720毫米×1020毫米　1/16
印　　张	10
字　　数	124千字
版　　次	2025年3月第1版
印　　次	2025年3月第1次印刷
书　　号	ISBN 978-7-5335-7319-5
定　　价	48.00元

书中如有印装质量问题，可直接向本社调换。
版权所有，翻印必究。

前　　言

随着我国步入老龄化社会,老年人的身心健康受到国家和社会的广泛重视。体育作为促进身心健康的主要手段,其重要性不断凸显。特别是近年来,针对老年人锻炼活动和锻炼方式的科普活动及作品逐年增多,并受到老年人群的喜爱。

2021年,习近平总书记对老龄工作作出重要指示,他指出,各级党委和政府要高度重视并切实做好老龄工作,贯彻落实积极应对人口老龄化国家战略。把积极老龄观、健康老龄化理念融入经济社会发展全过程,加大制度创新、政策供给、财政投入力度,健全完善老龄工作体系,强化基层力量配备,加快健全社会保障体系、养老服务体系、健康支撑体系。2022年3月28日,国家体育总局下发了《关于进一步做好老年人体育工作的通知》,就进一步做好老年人体育工作作出部署。其中特别强调:推广适宜老年人的健身休闲运动、加强老年人科学健身研究和指导等重点工作。做好老年体育工作,是国家在今后积极应对老龄化社会的一项重要工作。

本书顺应了老年人体育锻炼的实际需求,旨在向老年人提供科学、有效的锻炼方法,凭借作者在功能性训练中积累多年的经验,积极借鉴和吸收国内外先进的老年人锻炼理念、观点和方法,并结合我国老年人参与锻炼活动的实际情况,将功能性训练的理念与老年人的锻炼能力相结合,力图体现新颖性、系统性和应用性。

本书的第一章对体育锻炼与健康老龄化的关系进行了简要介绍。第二章对老年人身体锻炼功能训练进行了概述，包括老年人的生理素质特点、身体锻炼功能训练的定义及特点。第三章为读者介绍了9种常见的运动功能基本筛查测试，老年人可以根据测试的结果判断身体运动功能的健康情况。第四章对开展身体锻炼功能训练所需的器械进行了介绍，老年人可以根据需要选择合适的器械。第五章对老年人身体锻炼功能训练方案进行了详细的介绍，包括1套热身练习方案、4套初级练习方案、4套进阶练习方案和1套伸展练习方案，其中配有详细的图片和文字说明，能够让老年人更好、更快地理解动作要领。第六章介绍了老年人体育锻炼风险的特征、存在的原因及对策，旨在让老年人树立安全锻炼的意识。

本书主要适用于四肢活动功能正常的老年人，需要长期照护或处于急性康复期的老年人不适合使用本书。由于老年人的身体状况差异较大，因此本书中介绍的动作仅供参考。在实际练习时，老年人应根据自己的身体情况选择适合自己的动作，并谨慎地进行锻炼。

本书的面世离不开团队的努力，本书的内容设计得到了福建师范大学吴燕丹教授的悉心指导，本书中的动作示范由福建省体育科学研究所全民健身研究室周丽云副研究员完成，同时感谢责任编辑李丛彦老师认真校对与指导，使本书得以跟读者们尽快见面。由于作者水平有限，书中难免有不妥或错误，望读者不吝赐教，不胜感激。

陈洁星

2024年6月

目　　录

第一章　体育锻炼与健康老龄化 / 1

第二章　老年人身体锻炼功能训练概述 / 8
　　第一节　老年人的生理素质特点 / 9
　　第二节　身体锻炼功能训练的定义 / 12
　　第三节　身体锻炼功能训练的特点 / 15

第三章　老年人运动功能基本筛查 / 21
　　第一节　功能性前伸测试 / 22
　　第二节　5 次坐立测试 / 23
　　第三节　30 秒坐立测试 / 24
　　第四节　"起立 – 行走"测试 / 26
　　第五节　闭眼单脚站立测试 / 27
　　第六节　2 分钟原地踏步测试 / 28
　　第七节　椅式坐位体前屈测试 / 30
　　第八节　背抓测试 / 31
　　第九节　30 秒手臂弯举测试 / 32

第四章　身体锻炼功能训练的器械 / 34
　　第一节　哑铃 / 35

第二节 弹力带 / 35

第三节 壶铃 / 36

第四节 TRX 悬吊训练器 / 37

第五节 瑜伽垫 / 38

第五章 老年人身体锻炼功能训练方案 / 39

第一节 热身练习方案 / 40

第二节 初级练习方案 / 48

第三节 进阶练习方案 / 93

第四节 伸展练习方案 / 130

第六章 老年人体育锻炼风险防控 / 142

第一节 老年人体育锻炼风险的特征 / 143

第二节 老年人体育锻炼风险存在的原因分析 / 145

第三节 老年人规避体育锻炼风险的对策 / 146

参考文献 / 148

第一章

体育锻炼与健康老龄化

本章主要介绍健康老龄化提出的背景和我国社会当前所面临的挑战，旨在使读者正确认识到体育锻炼的重要性。

一、体育锻炼是健康老龄化的重要组成部分

根据世界卫生组织（WHO）的定义，60 岁及以上的人被认为是老年人。我国《老年人权益保障法》第 2 条规定：老年人是指 60 周岁以上的公民，即凡年满 60 周岁的中华人民共和国公民都属于老年人。

我国正快速进入人口老龄化社会，目前正处于应对人口老龄化的过渡阶段。截至 2020 年底，我国 60 岁以上的老年人口达 2.64 亿人，占总人口的 18.70%；其中 65 岁以上的老年人口达 1.90 亿人，占总人口比重的 13.50%。老龄化问题是一个世界性的问题。在越来越严峻的人口老龄化形势下，"健康老龄化"是一种积极且有效的应对策略。"健康老龄化"的概念最早由 WHO 在 1987 年的世界卫生大会上提出，最初的目标是应对老年人的医疗问题，强调"提高老年人的生命质量、缩短其带病生存期，延长其健康预期寿命"。数十年间，"健康老龄化"的行动框架不断发展完善，相继增加了保障、社会参与和心理等内容，并纳入更多学科内容，逐渐形成一套相对完善的框架体系。最新一版的"健康老龄化"行动框架发布于 2015 年的《关于老龄化与健康的全球报告》中。在报告中，"健康老龄化"这一概念被阐述为"发展和维护老年健康生活所需的功能发挥的过程"。WHO 建议体力下降的老年人进行多种方式的锻炼，包括加强力量训练和其他运动（平衡性训练、灵活性训练和有氧锻炼）。

我国非常重视健康老龄化的工作进展。习近平总书记对老龄工作高度重视，指出"把积极老龄观、健康老龄化理念融入经济社会发展全过程"。国家体育总局指出，要丰富老年人赛事活动、扩大老年人场地设施供给、健全老年人体育组织、加强老年人科学健身指导，持续推动老年人体育工作高质量发展。随着《国家积极应对人口老龄化中长期规划》《中共中央 国务院关于加强新时代老龄工作的意见》《"健康中国

2030"规划纲要》《全民健身计划（2021—2025年）》等文件的出台，全国三分之二的各级党委和人民政府也陆续发布了加强老年人体育工作的文件。2022年3月28日，国家体育总局下发了《关于进一步做好老年人体育工作的通知》，就进一步做好老年人体育工作作出部署，要求推广适宜老年人的健身休闲运动、加强老年人科学健身研究和指导等重点工作。可以看出，做好老年体育工作，是国家在今后积极应对老龄化社会的一项重要工作。

二、体育锻炼应融入老年人的健康生活

让运动融入生活就是要让老年人"主动健康"。以前，老年人主要通过医疗手段来实现健康。现在，健康理念已从"治已病"向"治未病"转变，即在未生病之前就采用积极主动的健康生活方式，通过让大家尽量少生病、不生病的方式来保持和获得身心健康。"主动健康"强调健康关口前移，关切个体的独立性和能动性，重视生命个体行为的积极持续参与。这不仅是应对老龄化的重要手段，更是全年龄段人群需要树立的健康理念。对于老年人来说，迈入老龄阶段更要追求健康的老龄化，包括生理健康、心理健康、适应社会等三个方面的内容，而运动是实现健康老龄化的重要措施。北京体育大学邱俊强教授指出："运动一定要生活化，不可能每个人都像专业运动员一样，有专业的教练、专门的场地去打高水平的比赛，更多的人需要把运动融入生活里，在大体育的范畴中获得健康的效益。"对于老年人来说，虽然如今健身步道、社区活动场地等身边的运动场所触手可及，但是经常锻炼的老年人比例仍然不高，这也突出反映了老年人的运动健康理念还需要进一步转变。因此，老年人的健康素养还应该进一步提升。运动是身体的一种本能，并不是某些人的专属。许多老年人觉得自己有基础疾病，从而畏惧运动。比如认为骨头"脆"了，就不适合锻炼了，这是一个很大的误区。WHO在《关于身体活动和久坐行为指南》中针对老年人给出了关于身体活动的具体建议：对于65岁及以上的老年人，身体活动包括在日常生活、家庭和社区中的休闲时间活动，具体包括步行或骑车、家务劳动、游戏及其他体育运动等。WHO建议所有老年人都应定期进行身体活动，每周进行至少150—300分钟的中等强度有氧运动，或75—150分钟的较高强度有氧运动，或者两种强度身体活动的等效组合；同时建议每周进行至少2天的中等或较高强度的肌肉力量训练，包括所有大肌肉群的力量训练；每周进行至少3天的以强调平衡能力和力量训练为主的多种中等或更高强度的身体活动，以增强身体功能并防止跌倒。此外，其中还强调了要限制静坐少动的时间，要用任何强度（包括较低强度）的身体活动来减少久坐行为，并指出中等到高强度的身体活动有助于减轻静坐少动行为对健康的有害影响。

三、体育锻炼能够降低老年人的健康风险

随着年龄的增长，老年人的身体功能开始迅速下降。低水平的体力活动会显著增加老年人的健康风险，严重时可能引发心脑血管疾病、高血压、糖尿病、肥胖、癌症和精神障碍等非传染性慢性疾病。早在1995年，《WHO关于体力活动与健康的报告》就指出，老年人的多种虚弱和残疾主要是由体力活动的减少而引起的。

2010年我国第三次国民体质监测结果显示：有67.1%的老年人在一周内没有进行任何形式的中高强度体力活动，特别是65—69岁年龄组具有这一情况的比例超过了70%。根据2020年我国第五次国民体质监测数据，与2014年相比，2020年老年人超重率和肥胖率分别为41.7%和16.7%，较2014年分别增加了0.1和2.8个百分点，说明我国老年人的身体健康形势不容乐观。

2020年9—11月，国家体育总局国民体质监测中心开展了2020年

全民健身活动状况调查。数据显示，在参加体育健身的老年人群中，健身强度以中等强度为主的占55.5%；以低强度为主的占35.7%；从事高强度运动的比例较少，仅为9.2%。每次体育健身的时长以30—60分钟为主的占36.9%；其次是20—29分钟的占25.5%；60分钟以上的比例为23%。随着年龄的增长，老年人每周参与中等强度或高强度健身、每次健身时长超过30分钟的比例呈下降趋势，说明我国老年人参与体育锻炼的频次和强度仍有很大的提升空间。

在关于老年人跌倒的数据统计方面，《中国城乡老年人生活状况调查报告（2018）》中的数据显示，老年人跌倒现象较为常见，中国老年人的跌倒率达到了16%，在农村地区更是达到18.9%。老年人跌倒的主要原因包括：步态的稳定性下降、平衡功能受损、视力和视觉分辨率下降、视觉的空间／深度感及视敏度下降、中枢神经系统的退变，以及骨骼和关节、韧带和肌肉的结构损害与功能退化等。

根据WHO发布的《国际疾病分类（第10版）》，跌倒的定义为：（1）一种突发的、不由自主的体位改变，致使身体部位（不包括双脚）意外触地；（2）从一个平面至另一个平面的跌落或同一平面的跌倒。其中包括不确定健康因素导致的跌倒，不包括行走困难、意外、暴力、头昏、眩晕及虚脱所致的跌倒。如何判断受试者是否发生过跌倒？由于跌倒史需患者进行回忆，为了避免老年患者由于记忆力及认知能力下降而造成的回答误差，需要患者家属配合，共同参与，帮助作答。

慢性病和跌倒问题对老年人的身心健康和生活质量造成了严重的影响，同时高额的医疗保健费用也加重了家庭和社会的经济负担。大量流行病学研究结果已经证实，体育锻炼虽然不能阻止机体衰老的过程，但长期规律性的锻炼活动能够有效抑制老年人由衰老引发的慢性病或致残性疾病的发生与发展进程，使丧失独立活动能力的进程得到延缓，有助于老年人生活质量的改善和社会经济成本的降低。已有大量研究数据显示，体力活动（任何因骨骼肌收缩导致能量消耗的身体运动，包括但不限于日常生活中的走、跳、推、拉等身体活动动作）与健康老龄化之间存在显著的正相关，说明体育锻炼对身体健康有积极的作用。具体来看，与静坐等生活方式相比，年龄在65—83岁、从事体力活动的男性在10—13年后的存活率提高了1.6倍。经常参与体育锻炼的老年人的健康存活率相比不锻炼的老年人提高了30%。因此，参与体育锻炼是实现我国健康老龄化社会的有效路径。

四、体育锻炼能够提升老年人的幸福感

老年人的主观幸福感是以感觉自己身体健康、生活满足为基础的，这对于老年人的心理健康十分重要。老年人的主观幸福感受身体状况、心理素质、家庭关系和社会环境等多方面因素的影响。在平时生活中，部分老年人面对疾病能保持"既来之则安之"的良好心态，注意医疗保健与身体活动相结合，保持抵御疾病的信心和能力，但也有少数老年人在疾病面前显得忧心忡忡，顾虑甚多，出现悲观的情绪。此时，主观幸福感被削弱。老年人要努力丰富自己的生活内容，尽可能通过自身的努力获得幸福的感觉。

国内外的许多研究证明，体育锻炼能够增强老年人的主观幸福感。国内学者的调查显示，参加晨练的老年人整体心理健康水平高于没有参加晨练的老年人，晨练有利于提高老年人的正性情感和正性体验，减少负性情感和负性体验，有利于提高老年人的主观幸福度。在另一项国内研究中，研究者对183名老年人进行了为期17周的实验研究，以体育舞蹈、太极拳和门球作为变量，研究结果表明，参与体育活动的老年人在幸福感的4个维度（正性情感、负性情感、正性体验和负性体验）上明显高于不参与体育活动的老年人。还有国内研究报告指出，长期性的身体锻炼可以使焦虑、抑郁等不良情绪得到改善。经常锻炼的老年人在近

三年内的医疗费用开支情况要明显低于不参加体育锻炼的老年人,这说明通过参加体育锻炼可以提高老年人的身体健康水平,增强老年人的身体素质,提高抗病能力,减少医疗费用的开支。国外学者对男性退休员工进行过相关调查,发现不参加锻炼的人的生活满意度要远远低于那些参加锻炼的人,而合理增加活动量的老年人,其生活满意度高于维持或降低活动量的老年人。还有学者对 65 岁以上的老年人进行了习惯性的身体锻炼干预,并观察其心理和情绪的变化,研究结果显示,生活满意度越高的老年人参加体育锻炼的时间就越多。因此,做好老年体育工作,对于改善老年人的生活品质,提升老年人的幸福感、获得感具有重大意义。

第二章 老年人身体锻炼功能训练概述

本章简要介绍老年人的生理素质特点和身体锻炼功能训练的相关定义、特点,旨在让读者对身体锻炼功能训练的科学性和适用性有一个全面的认识。

第一节　老年人的生理素质特点

一、老年人的骨骼肌特点

老年人在身体素质、功能和状态方面存在显著的差异，这是多种因素共同作用的结果。首先，从骨骼肌的生长速度来看，人体的各种运动动作都依赖于骨骼肌的收缩。而肌肉力量的大小则与肌肉质量密切相关，肌肉质量及肌肉横截面积的大小是决定肌肉力量的重要因素。然而，随着年龄的增长，骨骼肌质量会发生增龄性衰退，这可能导致肌肉力量也随之发生增龄性衰退。为了更具体地描述这种变化，2019 年，亚洲肌少症工作组对肌肉减少症进行了明确的定义。低肌肉质量被定义为男性握力小于 28 千克，女性握力小于 18 千克；同时，低步速的标准是步行速度小于 1 米 / 秒。这些标准为我们提供了评估老年人肌肉力量和身体功能状况的量化指标。

研究表明，无论男性还是女性，肌肉力量在 40 岁的时候开始下降，并且每年下降 8%—10%。这意味着随着年龄的增长，老年人面临着肌肉力量和身体功能逐渐衰退的风险。相关研究也发现，随着年龄的增长，肌肉力量和肌肉功能会发生增龄性的退变。通常情况下，肌肉力量和爆发力从 30—40 岁开始衰减，而到了 60 岁之后，这种衰减速度会明显加快。更值得注意的是，下肢肌肉力量和功能的下降速度要比上肢快得多。这种下肢活动能力的下降往往会导致行走不便和跌倒等现象的发生，严重影响老年人的生活质量。此外，相关研究还发现，女性在维持上肢活动能力方面要强于男性。这可能与女性在日常生活中经常从事家务劳动有关，而男性在退休后上肢的活动能力和活动频率往往会减少。

由于肌肉质量、肌肉力量和身体功能能力在阈值内呈正相关关系，因此提高肌肉质量和肌肉力量是有效提高身体功能能力的关键所在。通过针对性的锻炼和训练，我们可以帮助老年人预防活动能力受限或者残疾等现象的发生。在预防肌肉质量和肌肉力量下降的过程中，本书所提供的练习内容将集中在重要的肌群上，旨在提高老年人的身体功能能力并满足他们日常生活的需求。这样的锻炼计划不仅有助于降低老年人身体功能的衰退速度，还能提高他们的生活质量和健康水平。

二、老年人的骨质特点

在老年人群中，骨量下降和肌肉萎缩常常相伴而生，这两种情况的叠加最终可能导致骨质疏松的发生。骨质疏松是一种严重的全身性骨病，其主要特征包括骨量减少、骨组织微结构破坏以及骨强度下降，这些因素共同作用导致骨骼变得脆弱易碎，骨折风险显著增加。作为老年人最常见的骨骼疾病之一，骨质疏松症已成为一种不容忽视的慢性疾病。

在不同的国家和地区，骨质疏松症的患病率存在显著的差异。在发达国家，根据所使用的诊断方法不同，男性骨质疏松症的患病率大致在2%—8%之间波动，而女性的患病率则明显高于男性，约为9%—38%。这一数据反映出女性在骨质疏松症方面的更高风险。特别是50岁以上的老年人群已成为骨质疏松症的高危人群，他们面临着骨折等严重后果的威胁。

以2010年的欧洲为例，当时约有550万男性和高达2200万女性受到骨质疏松症的影响，这一庞大的患者群体给欧洲各国的医疗系统和社会经济带来了沉重的负担。在东地中海地区，骨质疏松症的总体合并患病率高达24.4%，其中男性合并患病率为20.5%，女性为24.4%，并且这一比例还呈现上升趋势。同样属于亚洲地区的韩国也面临着相似的挑战。在2008—2012年间，50岁以上的骨质疏松症患者中使用医疗服务的人数增加了33.2%，其中男性患者的增长速度甚至超过了女性。在新增的骨质疏松症患者中，女性增加了4.3%，而男性则增加了20.4%。

在中国这一人口众多的国家，随着人口老龄化的状况日益严重，老年人发生骨质疏松症的问题也日益严峻。据估计，50岁及以上的男性和女性骨质疏松症患病率将分别达到6.46%和29.13%。这一数据不仅揭示了骨质疏松症在中国的广泛存在和高发趋势，也预示着未来几十年内与骨质疏松症相关的骨折将给中国带来巨大的社会经济负担和医疗成本挑战。值得注意的是，骨质疏松症是一种容易被高危人群忽略的疾病，其最严重的危害是脆性骨折。这种在老年人群中尤为常见的骨折类型，不仅严重影响患者的生活质量，还可能导致残疾，甚至死亡。因此，提高公众对骨质疏松症的认识、增强对其的预防意识至关重要。

美国国家骨质疏松症基金会的声明指出，生活方式的选择在很大程度上影响着成人的峰值骨量。具体而言，这个影响程度可能高达20%—40%。这意味着通过改善生活方式，如增加钙和维生素D的摄入、适量运动、戒烟限酒等行为可以在一定程度上预防或延缓骨质疏松症的发生。对于成年人和老年人而言，一些特定的运动项目，如力量训练、有氧运动等被证明可以增加骨量并减少与衰老相关的骨量损失，从而为预防和治疗骨质疏松症提供了新的可能途径。

三、老年人的神经系统特点

老年人神经系统的生理功能会随着年龄的增长而衰退，出现精神萎靡、反应迟钝、思维迟缓等精神活力下降的症状。这些症状往往是神经系统功能衰退所导致的。例如，前庭功能障碍就是一种常见的老年人神经系统疾病。这种疾病通常是由神经细胞和感觉毛细胞的损伤所引起的，它会导致老年人的姿态与步态出现障碍。具体表现为姿态不稳、步态蹒跚，同时伴有转身不稳的情况。这些症状不仅增加了老年人跌倒的风险，还可能对他们的心理健康产生负面影响。

针对老年人的这些生理和心理问题，本书以老年人参与体育锻炼为出发点，秉持着功能性训练的理念，通过对动作进行合理的优化与组合，设计出了一套适合老年人的身体锻炼功能性练习。这些练习不仅可以帮助老年人提高身体素质，还可以改善他们的神经系统功能，缓解神经衰弱等症状。

在设计这些练习时，本书遵循了循序渐进的原则，从简单到复杂、从低强度到高强度逐步提高锻炼的难度和强度。这样可以确保老年人在锻炼过程中既不会感到过于吃力，也不会因为难度过低而失去锻炼的效果。同时，本书还对每个动作的降阶与升阶方式做了详细的介绍，让读者学会如何根据自己的身体状况和锻炼基础来调整动作的难度和强度。这种个性化的锻炼方式可以确保老年人在合理可控的安全范围内提升自己的身体素质。

此外，本书还考虑到了老年人的年龄、身体功能和锻炼基础等方面的差异，为不同年龄层、不同身体功能、不同锻炼基础的老年人提供了针对性的锻炼指导，让更多的老年人找到适合自己的锻炼方式，从而在保持身体健康的同时享受到体育锻炼带来的乐趣。

第二节　身体锻炼功能训练的定义

一、什么是功能能力？

身体锻炼功能训练的核心目标之一就是显著提升老年人的功能能力。什么是功能能力？简而言之，功能能力是指个体在其所处的特定环境中，能够有效地采取行动、对周围环境施加影响甚至改变环境的能力。这种能力在老年人的生活中显得尤为重要，它不仅仅是生理功能的体现，更是老年人生活自主、独立、有尊严的保障。

具体来说，功能能力主要涵盖了老年人的日常活动能力和移动能力。日常活动能力是指老年人在日常生活中能够独立完成的基本生活技能，比如洗澡、吃饭、穿衣等。这些看似简单的动作，对于部分老年人来说却可能是一项挑战。而移动能力则是指老年人在空间中的位移能力，比如走路、上下楼梯等。这些技能的保持和提高对于老年人的生活质量有着直接而深远的积极影响。

我们不难发现，随着年龄的增长，老年人的身体功能会逐渐衰退，慢性疾病也可能会逐渐增多。这些因素都可能导致老年人的功能能力出现不同程度的下降。因此，提高老年人的功能能力不仅具有生理意义，更具有社会意义和心理意义。通过科学、适当的身体锻炼和功能训练，我们可以有效地帮助老年人保持或恢复其日常活动能力和移动能力。这样一来，老年人不仅能够更好地照顾自己，减轻家庭和社会的负担；还能够在生活中保持积极乐观的态度，享受幸福的晚年时光。因此，身体锻炼功能训练对于提高老年人的生活质量具有不可替代的作用。

二、什么是功能性训练？

美国功能训练专家 COOK G 和体能训练专家 BURTON L 在 20 世纪 90 年代提出的功能动作测试及纠正训练体系被誉为"功能性训练的基石"。在其极富影响力的专著《动作——功能动作训练体系》中，把生物、医学和运动训练紧密联系起来，从测试、诊断、纠正和优化基本动作模式的视角，提出了规避运动损伤，促进竞技运动表现的功能动作训练体系。

在欧洲和北美洲地区，功能性训练多用于大众健身，主要用来改善受伤人群关节的稳定性、神经肌肉控制、肌肉力量和肌肉耐力。在康复训练领域，功能性训练的有效性与实用性已经得到验证。在竞技训练领域，功能性训练作为运动训练的一个分类，主要包含力量训练、敏捷训练、平衡训练、核心训练等多个综合板块。通过这些训练，可以增强体能，有效预防运动损伤。其中，核心力量训练是功能性训练的重要组成部分。功能性训练特别强调多关节、多方位和感觉统合的训练，以实现运动过程中人体动力链的高效与稳定，提高运动过程中能量使用的经济性，并同时兼顾基本生活中所需的身体运动能力。国外有体能训练师和体能训练机构将其引入竞技训练中，作为体能训练的发展与补充。他们发现接受了功能性训练的运动员，伤病时间大幅减少，运动能力和运动成绩显著提高。2000年悉尼奥运会举行之后，随着国家体育总局"119工程"的提出，功能性训练被引入国家队的训练中。取得良好效果后，功能性训练迅速在我国竞技体育领域得到推广，从一开始的以竞技体育为主导，逐步辐射到青少年、老年人、军事及特殊人群。功能训练的任务是：在认识人体结构的基础上，运用多学科知识，阐明人体功能系统的运动原理，科学设计动作模式，指导不同人群进行运动训练、健身健美、康复理疗、医学矫正等，以达到提高竞技能力、塑形、恢复等目的。

三、什么是老年人身体锻炼功能训练？

身体锻炼是指以发展身体、增进健康、增强体质、调节精神和丰富文化生活为目的的身体活动。人们可以通过不同的运动与健身方法来实现锻炼身体的目的。对于老年人而言，身体锻炼对身心健康发展的重要性不言而喻。2020年的调查数据显示，闲暇时间去专业健身机构健身的老年人占比为8.7%，可以看出，随着"60后""70后"迈入退休年龄，新时代老年群体的体育健身意识进一步增强。

因此，基于老年人的生理发展特征，本书将功能性训练的概念融入老年人身体锻炼中，提出"老年人身体锻炼功能训练"的概念，即通过全面的身体训练，提高老年人身体运动系统的工作机能，从而更好地发挥人体基本的运动功能，提高老年人参与体育锻炼活动的能力。

第三节 身体锻炼功能训练的特点

一、注重身体的整体性训练

身体锻炼功能性训练是在功能性训练理论的基础上提出的。功能性训练领域的权威学者提出，功能性训练是把人体运动的动作视作一个完整的运动链条，注重运动链条上身体关节的灵活性和稳定性，以避免在进行单一关节训练的过程中容易产生运动损伤的弊端。运动链的概念源于德国人勒洛，1875年，他在《理论运动学》中第一次创造性地提出了"运动链"的概念，之后这一概念被广泛接受和应用。在机械运动研究中，将两构件（运动单元）直接接触并能产生相对运动的活动连接称为"运动副"。若干构件通过运动副连接形成的系统被称为"运动链"。运动链常被定义为由环节连接的一系列刚体所组成的机械系统，如图2-1所示。美国国家运动医学院给人体运动链下的定义为连接神经、肌肉和骨骼的所有运动及相互关系，并将其分为开链运动和闭链运动两种。闭链运动是手和脚保持在地面或不可移动器械上的运动方式；反之为开链运动。两者相比，闭链运动被认为更安全且功能性更强。在实际的运动动作中，人体的动作往往是连续完成的，常常会出现开链运动与闭链运动交替或同时（或混合）进行的运动形式，而对这种实际动作的研究很少有人涉及。在运动训练和康复训练的过程中，会依据训练目的的不同采用相应的开链练习或闭链练习。在运动时，整个运动链是一个整体，链上任何因素的不足，都会导致运动链出现"弱链"，技术动作的经济性受到影响，从而使能量大量消耗，运动表现不佳，引起竞技能力下降等一系列反应。我们以过头投掷动作为例，力量从下肢产生，通过全身的运动链传递到手上，这一过程中任何力量的产生和时序的变化都会导致运动表现不佳或运动链上其他部位的病理改变，且运动链的强弱程度是

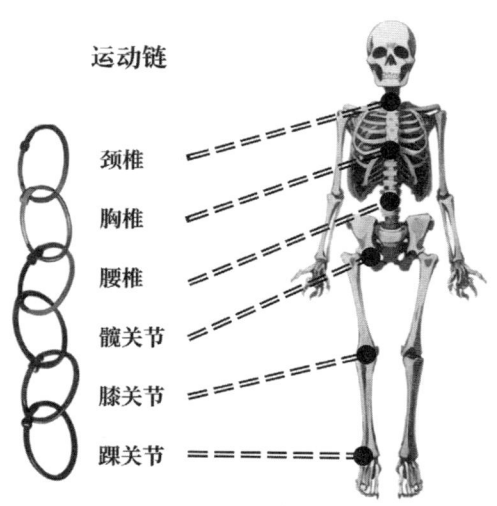

图 2-1 人体关节运动链

注：运动时的复杂动作是由人体各个关节的协同运作产生的。任何一个关节的功能受到限制，都会导致动作整体失衡。

由其最薄弱的环节决定的，因此解决好薄弱环节对运动成绩的提高至关重要。通常，健身房的力量训练一般采用独立且方向和维度单一的练习，目的是提高单一肌群的绝对力量，追求肌肉体积的最大化增长。但是，在实际运动的过程中，人体各肌肉与骨骼的运动呈现的是多维多向的综合运动，开链与闭链动作相辅相成，而不是某一块肌肉的单一运动，因此传统的力量训练并不能满足人体整体的运动表现。特别对于老年人来说，采用多维多向的综合训练可以更好地发展多肌群的协同能力，从整体上发展灵活性、核心力量、神经肌肉控制、爆发力、柔韧性等功能性力量。

本书中提出的锻炼功能性训练，在融合了功能性训练坐标系中的斜向旋转、屈伸、水平、旋转组合的基础上，对动作进行了优化调整，能够提高老年人身体肌群的肌力平衡，使身体肌群得到均衡的发展，有利于老年人全方位地提高身体素质，提升整体运动能力。

二、注重身体的姿态控制力

根据国外学者的研究，在日常生活活动中嵌入功能训练，能够显著降低老年人的跌倒发生率，但也有研究发现，基于功能训练和拉伸的12周干预训练，不足以提高老年人的身体功能表现并改善步态，其跌倒风险没有明显降低，其跌倒分数无明显变化。究其原因，可能是由于功能训练的强度较小，还不足以适应肌肉力量的训练，提示功能训练的强度负荷可能是关键。老年人跌倒的3个主要内在危险因素是肌肉无力、平衡失调和步态不稳。因此，提高以力量和平衡为主，或者与日常生活活动密切相关的功能训练有利于预防跌倒。

在功能性训练理念中，神经肌肉系统的工作效率是通过相互的协调配合以展现最佳动作模式来体现的。姿态控制在其中扮演着重要的角色。合理的姿态是指全身各部分肌肉都处于适度的长度－张力关系，以保证骨骼肌肉系统在运动中力偶功能的有效发挥。也就是说，根据人体功能解剖、生理及生物力学特点，我们身体各部分的位置在静态及动态运动中存在一种最有利于关节运动及运动链中力的吸收与传递的排列组合方式。大部分体育运动需要人体在运动过程中保持良好的身体姿态和动态的平衡，以便更好地完成技术动作。由于运动时身体稳定性是一切肢体运动的基础，而身体核心区的稳定性则是实现全身稳定及保持身体姿态的前提与条件。

如果在运动时，身体无法保持相对平衡，或者身体姿态错误，那么人体就会动用其他肌群，起到"动作代偿"的作用。动作代偿是指同一条运动链上首尾相邻的关节中，某一关节由于运动功能异常，如稳定性、灵活性下降，导致与之相邻的关节为继续达到预定的动作目标而出现运动功能代偿的现象。而这种代偿机制实际上是一种生存机制，同时也是人体运动链完整性和连续性的体现。一方面，从运动生物力学的角度看，人体在完成动作或保持姿态时，需要打破或维持关节的自锁状态，当超出其自锁范围后，会产生应力集中现象，处于应力集中状态下的肌肉，如果没有足够的肌力去完成所需要的动作时，就会以力的等效替换方式激活相关的肌肉群，这些激活的肌肉会产生分力为其提供支持与帮助，从而提供完成动作所需要的功能力量。在肌肉链和筋膜链连续结构的作用下，这种支持与帮助就会一级一级地被连环替代，直到达到所需要的力量为止。另一方面，关节功能紊乱或动作连续性中断导致的动作变形也会造成动作代偿，例如，当某一稳定关节的稳定性或灵活性不能很好地实现其所在位置的功能要求时，就势必会导致相邻关节的稳定性或灵活性功能代偿现象的出现，而代偿一旦产生就会沿关节进行链式传导，导致正确的动作模式被破坏。可以说，如果代偿被剔除，那么人体的整个动作系统就会崩溃。正是由于运动链的这种整体性连接，所以只要出现一处弱链接，就会引发全身性的功能性动作代偿。功能性动作的完成依赖于结构的匹配，结构决定着功能的实现，弱链、弱链接会引起动作代偿，而代偿又会对人的运动能力的提升和运动成绩的提高构成限制，会给运动损伤埋下隐患。例如，老年人由于生理退化，容易形成不良的脊柱姿态，如图2-2所示，如果在此状态下进行运动就会导致肌肉发展

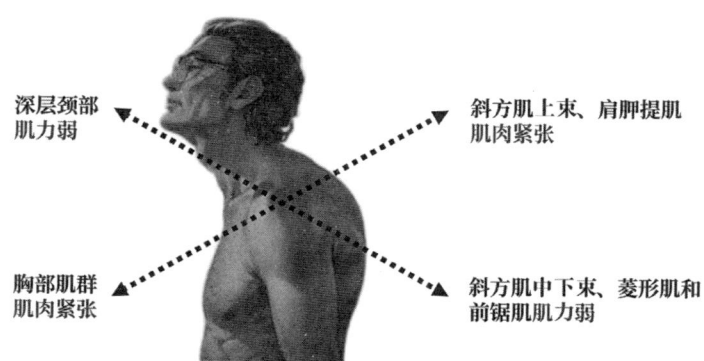

图2-2　肌力失衡——上交叉综合征

注：上交叉综合征是一种异常的上肢动作模式，被认为是一种亚健康状态。主要是肌力失衡导致的，表现为胸部肌群、斜方肌上束、肩胛提肌紧张度高，而后背肌肉松弛。患者会出现头前伸、驼背等症状。健康隐患包括可能出现颈部和背部酸痛、头晕、头痛、耳鸣、肢端麻木等，长期保持含胸姿势会影响呼吸肌的功能，导致呼吸不畅、胸闷乏力。

不平衡，容易造成动作代偿，并引起损伤。在老年人锻炼功能性训练中，从运动链的视角出发去思考动作，可以帮助我们正确地认识人体运动过程中弱链与弱链接在动作链中的潜在危险性。因此，老年人锻炼功能性训练能有效地纠正老年人的身体姿态，解决老年人的肌力失衡现象，使他们正确认识弱链和弱链接的关键点和代偿机制本身，降低由关节功能障碍引起的额外负荷，这对于老年人而言至关重要。

三、注重运动负荷的合理控制

从锻炼时长和锻炼类型来看，WHO《关于身体活动有益健康的全球建议》规定，大于65岁的老年人每周应进行150分钟的中等强度或75分钟的高强度有氧运动和大于2天的肌肉强化活动（即力量/抗阻训练）。《中国人群身体活动指南（2021）》中指出，推荐大于65岁的老年人保持日常身体活动，增加活动量，每周进行150—300分钟的中等强度或75—150分钟的高强度有氧活动，以及每周至少进行2天的肌肉力量练习。与成年人相比，还强调了要坚持平衡能力、灵活性和柔韧性练习。但是，如果身体不允许每周进行150分钟的中等强度身体活动，则应尽可能地增加各种力所能及的体力活动。本书中的功能训练方案在设计时考虑了运动时长和运动类型，老年人可以根据方案的难度选择不同的练习。

从锻炼内容的设计上看，《老年人国际运动建议：专家共识指南》（下文简称"《指南》"）中指出，老年人体力活动的目标重点在于通过整合生活方式将训练融入日常生活活动中以促进运动，如用楼梯代替电梯、洗碗时单腿站立、不借助手臂力量缓慢站立或坐下，这分别是将有氧训练、平衡训练和强化训练融入日常活动中。本书中设计的锻炼内容符合《指南》中建议的内容。例如，《指南》建议提高步态能力，认为其是老年人生存的一个强有力的预测因子，老年人应优先考虑维持其步态能力，应通过改变速度和方向的行走和爬楼梯等方式，实现利用有氧健身来适应并改善步态和行动方式的目标。本书中设计了抓握行走和坐姿提膝收腿等练习，其功能同样适用于老年人。此外，《指南》建议可以借助器械进行力量训练，例如举重机。在没有训练设备的情况下，老年人可以以自身的体重作为阻力进行训练，例如从椅子上快速站起来。《指南》建议，在练习的初期，老年人可以在别人的帮助下慢慢地从椅子上站起来，直至可以自己快速地独自完成该动作。一旦体重不再成为主要的阻力来源，则可以通过机器在保持自由重量的条件下提供额外阻力，以确保产生有益的训练效果。同时，在进行力量训练时需特别小心，避免肌肉或骨骼损伤。这些练习的要求和方式在本书中均有体现。在平衡能力的练习上，《指南》建议通过站立瑜伽、练习芭蕾舞动作、双人步行、单腿站立、跨过障碍物、转身、踮起足尖在柔软的表面（如泡沫床垫）行走等方法进行训练，在训练后期可以通过减少支撑点（如由双脚站立到单脚站立），或打破重心（如保持平衡时在一侧施加重物），或减少其他感官输入（如闭眼站立）等方式进行训练。本书中的原地髋外展练习、下蹲提踵练习等单侧练习能够提升平衡能力。

第三章

老年人运动功能基本筛查

本章介绍了9种适用于评估老年人身体功能的常用测试方法。读者可以在家进行测试，并根据评分标准进行自我筛查。在测试时需有辅助人员在场，避免在测试期间发生跌倒或其他意外情况。

第一节　功能性前伸测试

"功能性前伸测试"通过测定受试者向前伸臂的能力来评定其平衡状况。由于功能性前伸的距离与压力中心的最大偏离度有显著的相关性,且操作简单易行,能够直接提供客观动态的观察数据,因此该测试方法被广泛应用于运动康复等领域。此测量法在国外被广泛应用于评价老年人的平衡能力及预测跌倒。

对于不同的受试人群而言,测试一次就有较高的信度。因此对老年人进行测试时,考虑到测试安全的问题,尽量采用最少的测量次数。

(一)具体测试方法

受试者靠墙站立(不触碰),肩关节屈曲 90 度,肘关节伸直,手握拳。如图 3-1 所示,先测量第三掌骨在尺子上的位置,然后要求受试者尽可能向前倾斜但不能失去平衡或采取跨步,测量前伸距离。测试时间在 2 分钟内,共测试 3 次,每次间隔休息 1 分钟,以 2 次测量距离的平均值作为测试结果。

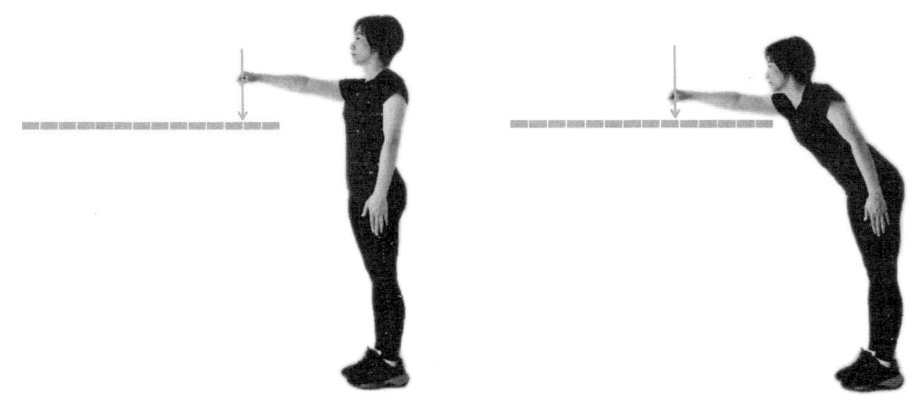

图 3-1　功能性前伸测试

（二）测试参考标准

功能性前伸测试根据受试者能够达到的距离，将跌倒风险分为4个等级。

> 低风险：＞25.4厘米
> 中风险：15.24—25.40厘米
> 高风险：＜15.24厘米
> 极高风险：无法前伸

第二节　5次坐立测试

坐姿起立动作是人类功能性动作的基本构成要素之一，也是在日常生活中高频率重复的动作。在完成坐姿起立动作的过程中所需要的关节力矩远比正常步行时大，因此有些老年人能够行走却无法顺利完成坐姿起立动作。坐立测试在国内外常用于评估老年人的下肢肌力、平衡和移动能力。

目前的坐立测试方法，根据限定动作的完成次数和限定测试时间而分为两类，前者包括1次、3次、5次和10次从坐到站的动作测试；后者包括在10秒和30秒内完成从坐到站的动作测试。其中"5次坐立测试"常用于评估老年人的下肢力量和平衡能力，同时也常用于跌倒风险的筛查，可以快捷地评估老年人从坐到站的动作能力，具有极好的重测信度，可以较好地反映老年人下肢肌力和功能性活动等运动功能，为临床上评估老年人的运动功能提供参考。

（一）具体测试方法

受试者坐在椅子上，椅子的高度建议设置为43—45厘米（坐下时大腿与小腿基本保持垂直）。双脚着地，背部不贴靠椅背，两手交叉于胸前，在听到测试开始的指令后，以尽可能快的速度完成5次起立和坐下动作，如图3-2所示。以秒为单位记录受试者完成5次动作的时间。在测试过程中要求受试者两手必须交叉于胸前不能分开，站立时要求膝关节完全伸直。在测试过程中可以给予受试者口头鼓励。测试共进行3次，每次间隔休息1分钟，以3次测试时间的平均值作为测试结果。

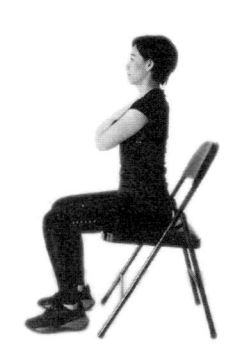

图3-2　5次坐立测试

（二）测试参考标准

完成一次坐立动作超过2秒，且总时间大于11.5秒的老年人跌倒的风险性高。

第三节　30秒坐立测试

30秒坐立测试主要用于反映老年人下肢力量的强弱，是我国国民体质监测最新增加的内容。美国运动医学学会也推荐将30秒坐立测试作为老年人下肢肌力的测试项目。30秒坐立测试的特点是实用性较强，适用于大规模的流行病学调查，也适用于个人的自我评价。由于其记录的数值是次数，比起记录时间的方法来说，这种方法更容易制定整体人群的评价标准。国内学者采用30秒坐立测试的方法对160余名60—89岁的老年人进行测试,初步证实了其应用于老年人下肢肌力评价的可行性,认为坐立测试是一种很简便的实验方法,其测试出来的数据可靠,分析起来很方便。

(一)具体测试方法

准备一把椅子,高度为43—45厘米(坐下时大腿与小腿基本保持垂直)。受试者坐在椅子的中间部分,双脚平放在地面上,两臂在胸前交叉。开始测试时起身呈站立姿势,然后再恢复到完全坐姿状态,计算30秒时间内完成站立的次数。动作同图3-2的5次坐立测试。

测试时应注意:(1)若30秒结束时,受试者已经起身站立一半,算作一个完整的站立动作;(2)下肢患有慢性疼痛,或曾进行膝关节、髋关节置换术的人群禁止进行该测试;(3)若在测试过程中受试者无法再继续完成后续的动作,则应立即停止测试。

(二)测试参考标准

30秒坐立测试的评价标准如表3-1和表3-2所示,不同年龄段的男女达标次数存在差异。一般情况下,老年人成绩"一般",说明其腿部的肌肉力量可能开始出现衰减状况,应加强下肢力量的训练。

表3-1 男性30秒坐立测试评价标准

年龄/岁	达标次数/次		
	差	一般	好
60—64	< 14	14—19	> 19
65—69	< 12	12—18	> 18
70—74	< 12	12—17	> 17
75—79	< 11	11—17	> 17
80—84	< 10	5—15	> 15
85—89	< 8	8—14	> 14
90—94	< 7	7—12	> 12

表 3-2　女性 30 秒坐立测试评价标准

年龄 / 岁	达标次数 / 次		
	差	一般	好
60—64	< 12	12—17	> 17
65—69	< 11	11—16	> 16
70—74	< 10	5—15	> 15
75—79	< 10	5—15	> 15
80—84	< 9	9—14	> 14
85—89	< 8	8—13	> 13
90—94	< 4	4—11	> 11

第四节　"起立-行走"测试

"起立-行走"测试是一种快速评定功能性步行能力的方法，该方法可以用来评定老年人及老年病患者的功能性步行能力并预测跌倒风险，它结合了老年人从座椅上站起、坐下、走路、转弯等容易发生跌倒的基本动作，其预测老年人跌倒风险的敏感度和特异度均可达到 87%。由美国老年医学会发布的《老年人跌倒预防临床实践指南》建议以"起立-行走"测试作为常规筛查高危跌倒人群的指标。国外研究表明，"起立-行走"测试能在当今社区养老需求日益增长的环境下快速且全面地评估老年人的功能性移动能力、筛查老年人的身体功能。在我国，"起立-行走"测试在社区老年人群中同样具有较好的信度与理想的效度，是临床上常见的测试方法。

（一）具体测试方法

受试者坐在椅子上，建议将椅子的高度设置为 43—45 厘米（坐下时大腿与小腿基本保持垂直）。在离座椅 3 米远的地面上放置标志杆。在听到测试开始的指令后，受试者从靠背椅上站起来，以尽可能快的步态向前走 3 米，转身绕过标志杆，然后迅速走回椅子前并转身坐下，如图 3-3 所示。在测试的过程中不能给予任何帮助。记录受试者背部离开椅背到再次坐下（臀部接触到椅面）所用的时间，以秒为单位。测试共进行 3 次，每次间隔休息 1 分钟，以 3 次测试时间的平均值作为测试结果。

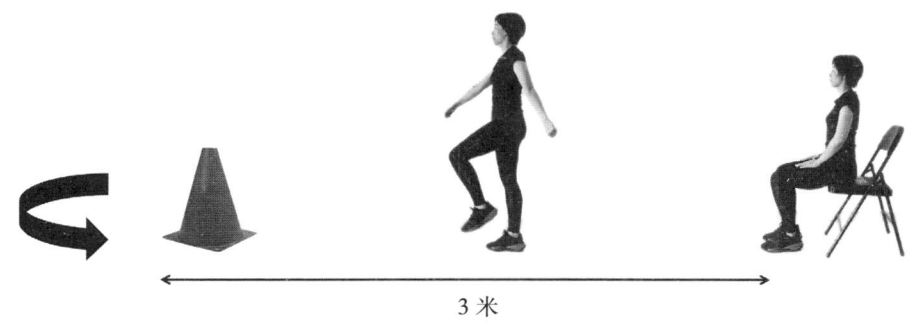

图 3-3　"起立－行走"测试

（二）测试参考标准

测试所用时间在相应年龄段正常范围的参考时间内，即为跌倒风险较小。如果超过正常参考范围的最大值，则提示有高危跌倒风险。

> 60—69 岁：7.1—9.0 秒
> 70—79 岁：8.2—10.2 秒
> 80—89 岁：10.0—12.7 秒
> 高风险："> 12.7 秒

第五节　闭眼单脚站立测试

闭眼单脚站立测试是通过测量人体在没有任何可视参照物的情况下，仅依靠大脑前庭器官的平衡感受器和全身肌肉的协调运动来维持身体重心在单脚支撑面上的时间，用于反映平衡能力的强弱。闭眼单脚站立作为简单平衡能力的测试方法，其难度系数低于"起立－行走"测试、功能性前伸测试和闭目原地踏步试验等测试。随着年龄的增长，尤其是大于60岁的老年人平衡能力明显低于中青年人。在进行闭眼单脚站立测试时，要求受试者听到信号声响后闭眼并单脚站立，对于下肢肌力下降，前庭功能和视觉发生明显退行性变化的老年人而言，这种测试会导致其发生眩晕和意外跌倒，因此部分老年人在进行此项测试时，具有一定的风险性。

（一）具体测试方法

测试时，受试者自然站立，两臂外展，两眼闭合，如图 3-4 所示。当听到开始指令后，抬起任意一只脚，同时测试员开始计时，当受试者支撑脚移动或抬起脚着地时，测试员停止计时。测试两次，取最好成绩。

（二）测试参考标准

男性标准

40—49 岁：8 秒

50—59 岁：7 秒

60—69 岁：5 秒

女性标准

40—49 岁：9 秒

50—59 岁：8 秒

60—69 岁：7 秒

70—79 岁：5 秒

图 3-4　闭眼单脚站立测试

第六节　2 分钟原地踏步测试

2 分钟原地踏步测试是通过计算受试者在 2 分钟内膝盖能达到指定高度（通常为髌骨与髂前上棘连线中点的高度，即膝盖上抬接近 90 度）

的次数，来评估其有氧能力和心肺功能。

在老年人功能体适能测评体系中，2分钟原地踏步测试作为6分钟步行测试的备用测量方案被首次提出，当空间有限或者天气条件不允许的情况下，无法进行6分钟步行测试时，以2分钟原地踏步测试作为心肺耐力的备用测量方法。2分钟原地踏步测试可以视为台阶试验的自控版，台阶试验要求受试者维持规定的踏步节奏，很多老年人无法做到。2分钟原地踏步测试在原有台阶试验的基础上将测试时长缩短至2分钟，即需要确定一个人在2分钟内能够完成原地踏步的次数。2分钟原地踏步测试自提出以来，因其相较6分钟步行测试更加省时并且对场地要求更低而被广泛使用。

（一）具体测试方法

测试时，受试者自然站立。当听到开始指令后，受试者开始原地踏步，两膝关节上抬至正确的高度，如图3-5所示。得分为2分钟内的完整踏步次数（只计算右膝达到目标高度的次数）。

图3-5　2分钟原地踏步测试

（二）测试参考标准

男性标准	女性标准
60—64 岁：87—116 次	60—64 岁：75—107 次
65—69 岁：86—115 次	65—69 岁：73—107 次
70—74 岁：80—110 次	70—74 岁：68—101 次
75—79 岁：73—109 次	75—79 岁：68—100 次
80—84 岁：71—103 次	80—84 岁：60—90 次
85—89 岁：59—91 次	85—89 岁：55—85 次

第七节 椅式坐位体前屈测试

椅式坐位体前屈测试的目的是测量在静止状态下的躯干、腰、髋等关节可能达到的活动幅度，主要反映这些部位的关节、韧带和肌肉的伸展性和弹性，反映身体柔韧素质的发展水平。

（一）具体测试方法

受试者坐在椅子上，建议将椅子的高度设置为43—45厘米（坐下时大腿与小腿基本保持垂直），并准备50厘米的直尺。让受试者坐在椅子的前缘。将测试腿在臀部前方伸直，脚后跟平放在地板上，踝关节向上屈曲90度。另一条腿弯曲，稍偏向外侧，脚跟放在地板上。如图3-6所示，双手交叠中指对齐，让受试者从髋关节开始慢慢向前倾，尽量将手伸至脚趾尖或将手指伸过脚趾尖。受试者先练习两次，再进行两次测试，取最近的值。如果受试

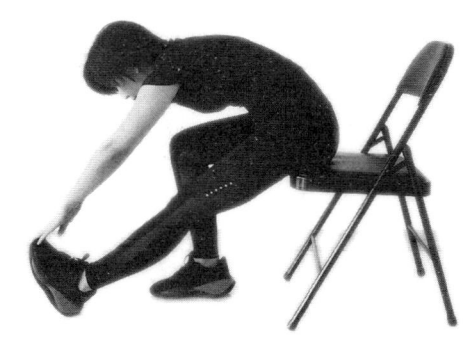

图3-6 椅式坐位体前屈测试

者的中指能够伸过脚趾尖的中点,那么将得分计为正分(+),否则为负分(-)。受试者正分越高,说明身体的柔韧性越好。

(二)测试参考标准

男性标准	女性标准
60—64 岁:-2.5—+4.0 厘米	60—64 岁:-0.5—+5.0 厘米
65—69 岁:-3.0—+3.0 厘米	65—69 岁:-0.5—+4.5 厘米
70—74 岁:-3.0—+3.0 厘米	70—74 岁:-1.0—+4.5 厘米
75—79 岁:-4.0—+2.0 厘米	75—79 岁:-1.5—+3.5 厘米
80—84 岁:-5.5—+1.5 厘米	80—84 岁:-2.0—+3.0 厘米
85—89 岁:-5.5—+0.5 厘米	85—89 岁:-2.5—+2.5 厘米

第八节 背抓测试

背抓测试的目的是评估上肢(肩膀)柔软度,主要反映肩关节、韧带和肌肉的伸展性和弹性。

(一)具体测试方法

准备一把长 50 厘米的直尺。如图 3-7 所示,受试者一只手向上高举过肩膀,屈肘手部朝下,另一只手向下绕到后背,屈肘手部朝上。然

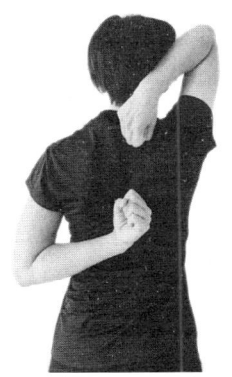 

图 3-7 背抓测试

后让受试者练习哪一侧手臂适宜放在上面。受试者先练习两次，再进行两次测试，测量中指之间的距离。负分（-）代表双手中指未接触的距离，正分（+）则是指双手重叠的分数，取最近的距离。受试者正分越高，说明肩关节的上肢灵活度越好。

（二）测试参考标准

男性标准	女性标准
60—64 岁：-6.5—+0.0 厘米	60—64 岁：-3.0—+1.5 厘米
65—69 岁：-7.5—-1.0 厘米	65—69 岁：-3.5—+1.5 厘米
70—74 岁：-8.0—-1.0 厘米	70—74 岁：-4.0—+1.0 厘米
75—79 岁：-9.0—-2.0 厘米	75—79 岁：-5.0—+0.5 厘米
80—84 岁：-9.5—-2.0 厘米	80—84 岁：-5.5—+0.0 厘米
85—89 岁：-9.5—-3.0 厘米	85—89 岁：-7.0—-1.0 厘米

第九节　30 秒手臂弯举测试

30 秒手臂弯举测试的目的是评估上肢力量，主要是肱二头肌的力量和耐力。

（一）具体测试方法

受试者坐在椅子上，建议将椅子的高度设置为 43—45 厘米（坐下时大腿与小腿基本保持垂直）。准备一个哑铃，女性为 2.3 千克，男性为 3.6 千克。如图 3-8 所示，受试者手握哑铃，自然垂直，可以先进行 1—3 次的手臂弯举热身。当听到开始口令后，受试者在 30 秒内尽可能多地完成弯举动作。

图 3-8　30 秒手臂弯举测试

在整个测试的过程中,上臂必须保持不动。得分为30秒内完成手臂弯举动作的总次数。

(二)测试参考标准

男性标准	女性标准
60—64 岁:16—22 次	60—64 岁:13—19 次
65—69 岁:15—21 次	65—69 岁:12—18 次
70—74 岁:14—21 次	70—74 岁:12—17 次
75—79 岁:13—19 次	75—79 岁:11—17 次
80—84 岁:13—19 次	80—84 岁:10—16 次
85—89 岁:11—17 次	85—89 岁:10—15 次

第四章

身体锻炼功能训练的器械

本书中除了自重练习外,还需要使用一些简单、轻便且安全性较高的小器械。使用器械一方面能够增加练习的趣味性、多样性,另一方面能够调整练习难度,使得老年人在进行功能训练时有更多的选择性。

第一节　哑铃

哑铃是常见的健身器械，也是抗阻训练的重要工具，如图 4-1 所示。哑铃的材质和工艺多种多样，常见的有浸塑哑铃、包胶哑铃、烤漆哑铃和不锈钢哑铃等。这些不同的材质和工艺赋予了哑铃不同的特性和用途，从而能够满足各种不同的训练需求。

图 4-1　哑铃

传统观念似乎存在着一种误区，那就是"哑铃不适合老年人"。很多人认为，像健步走、太极拳和门球这样的运动更适合老年人。然而，随着年龄的增长，老年人的肌肉量会逐渐减少，这会导致肌少症和肌力失衡等问题。因此，老年人群其实更需要力量训练来维持肌肉力量。当然，在使用哑铃进行力量训练时，需要注意一些细节。对于老年人群来说，选择合适重量的哑铃非常重要。过轻的哑铃无法达到锻炼效果，而过重的哑铃则可能给身体带来负担。建议根据个人的力量状态选择合适重量的哑铃。此外，我们也可以使用三角或六角哑铃进行训练。这类哑铃容易固定在地面上，不易滚动，并且可以更好地与功能练习动作结合在一起。

第二节　弹力带

如图 4-2 所示，弹力带是一种便捷、高效的健身工具，近年来在健身和康复领域中被广泛使用。它由天然乳胶制成，不仅携带方便，而且使用起来非常简单。无论是初学者还是健身达人，弹力带都能满足其锻炼需求。

图 4-2　弹力带

在训练时，练习者要根据自己的力量水平、训练部位和锻炼方式来选择弹力带的磅数和长度。常见的长度有1.2米、1.8米和2米，如果弹力带过短，可能会导致其使用寿命缩短；而如果弹力带过长，则可能在使用时觉得拖沓。在重量上，弹力带一般以磅数为单位。对于老年人群来说，入门时一般建议选择磅数较小的弹力带。较小的磅数能够帮助他们逐渐适应训练，同时不会对身体造成太大的负担。随着训练的深入和力量的提升，进阶时可以选择磅数更大的弹力带。在形状上，弹力带主要分为带状、条状和绳状。其中，条状弹力带由于其独特的形状和多样的用法，备受老年健身人群的青睐。它不仅可以帮助老年人进行拉伸、力量训练和柔韧性训练，还可以用于提升关节活动度和平衡能力。

第三节　壶铃

如图4-3所示，壶铃是由铸铁打造而成的，它的形状类似于有把手的水壶，但其更为独特且实用。由于大小和重量各异，壶铃能够满足不同锻炼者的需求。它是健身训练中的重要工具，为锻炼者提供了丰富的练习动作。

图4-3　壶铃

壶铃练习包括推、举、提、抛和蹲跳等动作，这些动作不仅能够锻炼练习者的肌肉力量，还能够增强其身体的协调性和灵活性。更重要的是，大多数壶铃练习属于复合动作和功能练习，这意味着其能够同时锻炼身体的多个肌肉群和关节，从而提升整体体能水平。

在规格上，壶铃主要分为经典款与竞技款。经典款壶铃每一个重量级别的握把粗细都有所不同，这使得锻炼者可以根据自己的实际情况选择合适的壶铃。而竞技款壶铃则是为了满足比赛需求而设计的，采用了国际标准规格。通过不同的颜色来区分不同的重量级。对于大多数初学者和老年群体来说，经典款壶铃是一个很好的选择。常见的重量大致分为2—32千克等规格，但对于老年群体来说，4—8千克的重量更为适宜。这个重量既能满足老年群体的锻炼需求，又不会对身体造成过重的负担。

第四节　TRX悬吊训练器

TRX练习，也被称为"全身抗阻练习"，是悬吊训练中最为核心和受欢迎的方法之一。这一创新的训练方式在1997年被首次提出，TRX悬吊训练课程于2005年在健身房内正式开设。仅仅一年后，TRX悬吊训练器成功打入国际市场，并迅速受到欢迎。值得一提的是，TRX训练甚至成为了美国海军的力量训练课程，可见其效果和受欢迎程度。

TRX悬吊训练器设计的初衷是为了提供一种便携、高效且适应性强的训练工具。它主要由悬吊带、固定绳和手柄组成，体积小巧、携带方便。训练者可以轻松地将TRX悬吊训练器固定在门上、墙上或其他任何坚固的地方，然后开始运动。训练时，通过改变身体姿势与悬吊绳的角度，训练者可以进行各种抗阻练习，如图4-4所示。这种训练方式

图4-4　TRX悬吊训练器

要求抗衡自身的重量，并利用训练工具进行上百种不同的练习。长期坚持下去，训练者的力量、平衡能力、灵活性和核心稳定性都会得到显著的提高。

TRX训练需要将悬吊绳固定在特定的位置，因此需要一定的空间。对于老年人来说，如果没有专业人士的指导或是同伴的监督，训练时可能会存在一定的受伤风险。因此，尽管TRX训练具有很高的价值和效果，但在本书中我们仅做简要的介绍。当然，只要符合安全的前提条件，TRX训练同样适用于老年人群。

第五节　瑜伽垫

瑜伽垫是练习的基本工具，如图4-5所示。在进行功能性练习时，大尺寸的瑜伽垫能够提供更广阔的练习空间，让练习者能够更加自由地伸展和运动。柔软的垫子能够在练习者进行地面练习时，为其四肢提供有效的缓冲，阻隔地面温度，从而减少因直接接触地面而导致的冰凉感。更为重要的是，一张好的

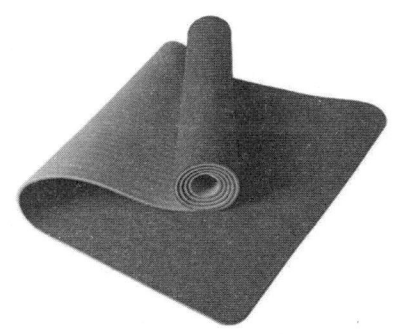

图4-5　瑜伽垫

瑜伽垫能够避免因意外跌倒而导致的损伤。在练习的过程中，尤其是在进行一些高难度动作时，练习者有时可能会因为失去平衡而跌倒。此时，柔软且具有良好抓地力的瑜伽垫就能够起到很好的保护作用，减轻对练习者身体的冲击和伤害。因此，对于老年人来说，选择一张大而柔软、抓地力强且厚度适中的瑜伽垫是至关重要的。

第五章

老年人身体锻炼功能训练方案

本章介绍了包括热身、初级、进阶、伸展在内的10套方案。读者可以根据自身的身体素质和运动水平选择难度适当的方案进行练习,也可以根据动作的特点,通过"站姿-坐姿"转换、调整哑铃重量、调整动作次数等方式来调整训练负荷。需要特别指出的是,本书中的"练习次数"均为建议量,读者可以根据自身的情况进行调整。

第一节　热身练习方案

热身练习的主要目的是使全身肌肉处于激活状态，让体温升高，降低肌肉的粘滞性，减小发生运动损伤的风险。热身后，身体微微出汗，则说明身体进入了较好的运动状态。建议采用循环练习法来安排热身练习，具体练习内容如表 5-1 所示。

表 5-1　热身练习方案内容简表

练习内容	安排形式	次数	组数	组间休息
弹力带扩胸练习	循环训练法	8—20 次	2—3 组	30—90 秒
弹力带画圈练习				
提踵练习				
俯撑跪姿转体练习				
站姿转体练习				
仰卧屈膝转体练习				

注："循环训练法"是一种训练安排形式，即根据训练的具体任务，建立若干练习站或练习点，锻炼者按规定顺序、路线，依次循环完成每站所规定的练习内容和要求的训练方法。这种练习方法不容易使锻炼者感到枯燥，能提高锻炼者练习的积极性。在本节中，锻炼者将 6 个练习内容按顺序各完成 1 组，即 1 个循环组，一共需要完成 2—3 个循环组的练习。

（一）弹力带扩胸练习

准备姿势　两手抓握弹力带，将其调整至适当的长度。将两臂向前伸直成 90 度，使手臂处于水平状态。此时，弹力带中部应该保持一个略微紧绷的状态，这样可以保证锻炼的效果。

动作要领　在开始锻炼时，需要背部发力，两臂伸直并做外展扩胸的动作，直到两臂完全成侧平举的状态，如图 5-1 所示。在达到这个状态后，稍微停留 1—2 秒，让肌肉充分感受到激活的状态。然后，缓慢还原至初始姿势。在练习过程中，需要保持呼吸的节奏，外展时吸气，还原时呼气。同时，手臂需要始终保持伸直的状态，以防止锻炼效果打折扣。

常见错误　在进行该项练习时，最常见的错误动作是外展扩胸时手臂未能在水平面上进行运动。这可能是弹力带过紧或力量不足导致的。为了解决这个问题，可以尝试调整弹力带的松紧度或者更换弹力带以降低难度。另外，如果两臂出现大幅度的上下摆动，这可能意味着动作不标准或者力量控制不够。此时，可以通过加强核心肌群的锻炼来改善这种情况。轻微的摆动是正常的现象，不必过于担心。

动作益处　该动作在热身活动中非常实用，主要用于激活背部肌群，并强化肩臂的控制力。通过该动作的锻炼，可以提高肩部的稳定性和灵活性，增强背部肌肉的力量和耐力。此外，该动作与日常生活中的一些动作如开门、开窗以及羽毛球的挥拍动作密切相关。经常进行该项练习，可以改善这些日常活动的姿势，提高身体的协调性和平衡性。

图 5-1　弹力带扩胸练习

（二）弹力带画圈练习

准备姿势　两腿前后交叉站立，注意保持身体的稳定性。将弹力带的中点固定在前脚下，确保弹力带在运动过程中保持稳定。然后，两手抓握弹力带两端，确保弹力带两端拉直，以保证锻炼的效果。由于该动作的幅度较大,所以建议选择细长的弹力带进行练习,这样可以更好地控制动作的力度和范围。

动作要领　在开始练习时,需要将两臂伸直,然后做前屈上提的动作,直到两臂到达头上的位置,如图5-2所示。在这个过程中,需要保持两臂始终伸直,不要弯曲。然后,两臂需要经身体两侧缓慢恢复至侧平举的状态,再逐渐恢复至初始位置。这个过程就像画圈一样,需要流畅地完成整个动作。在练习过程中,需要保持呼吸的节奏,两臂上提时吸气,下降时呼气。

常见错误　在练习该动作时,最常见的问题是两臂上提时没有做到匀速,这可能会导致动作不协调或者锻炼效果不佳;另一个问题是两臂

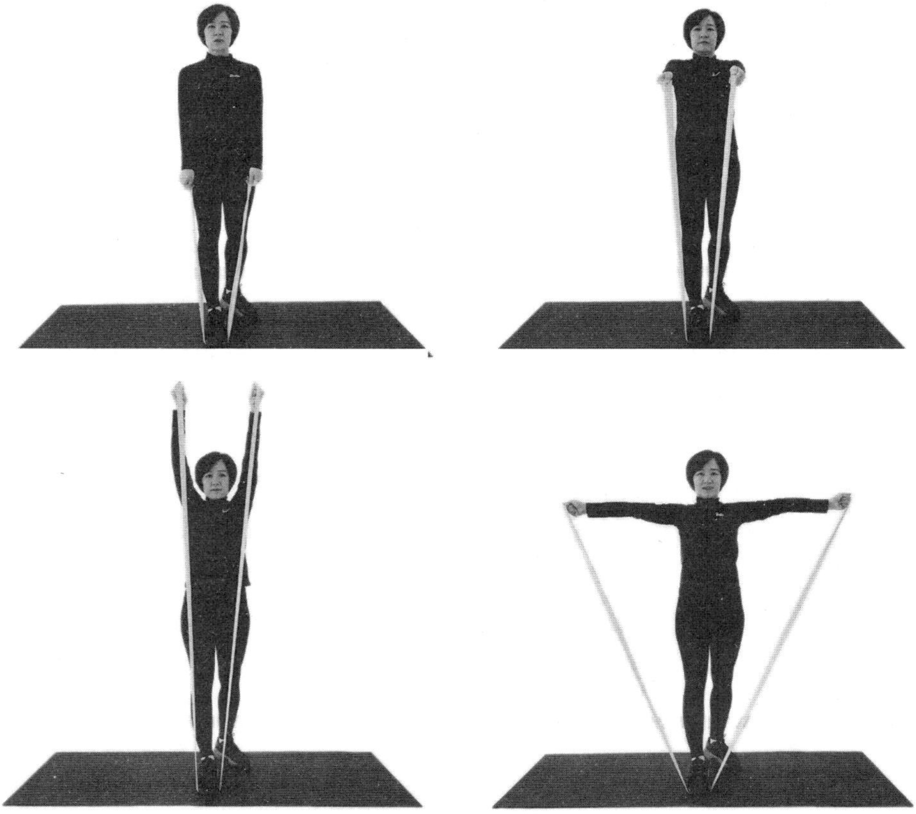

图 5-2　弹力带画圈练习

下降时受弹力带的驱动造成动作下降过快,这可能会影响锻炼的效果。为了解决这些问题,可以考虑更换弹力带或者更改抓握的距离来调整动作的难度。

动作益处　该动作在热身活动中非常实用,主要用于激活肩胛肌群并改善肩胛动作的肌力平衡。通过该动作的锻炼,可以提高肩部的稳定性和灵活性,增强背部肌肉的力量和耐力。经常练习这个动作可以帮助练习者改善日常活动的姿势,提高身体的协调性和平衡性。

(三)提踵练习

准备姿势　两腿与肩同宽站立,保持身体的稳定。眼睛平视前方,不要低头或抬头。双手放在腰部,手掌向下,指尖指向两侧。挺直脊椎,放松肩膀,保持良好的姿势。

动作要领　在开始练习该动作之前,深吸一口气,让身体放松。然后,当呼气的时候,慢慢地抬起脚后跟,尽量向上提,如图5-3所示。记住要保持动作的流畅和均匀,避免突然改变动作。当脚后跟抬到最高点时,稍微停顿一下,感受小腿肌肉的紧绷感。然后,慢慢地将脚后跟放回地面,回到起始位置。重复该动作几次,保持呼吸的平稳和节奏感。

常见错误　在练习过程中,最常见的问题是动作不匀速,抬起和放下脚后跟的速度不一致。另外,保持身体平衡也是非常重要的,如果在完成该动作的过程中身体摇晃或者前倾、后倾,可能会导致动作不标准或者受伤。为了解决这些问题,可以尝试使用一些辅助工具或者方法来降低练习难度。例如,刚开始练习时,练习者可以用双手扶着椅子或者墙壁来保持平衡。随着动作熟练度的增加,练习者可以逐渐减少对辅助工具的依赖。

动作益处　该动作对于小腿肌肉的锻炼非常有益。经常进行这项练习可以激活小腿三头肌,增强小腿肌肉的力量和耐力。这对于步行、跑步、跳跃等日常活动非常有帮助,可以让步态更加稳定、有力。此外,在进行太极拳等低强度运动和需要身体稳定性的练习时，小腿三头肌也起着关键的作用。通过提踵练习，可以提高身体的协调性和平衡性，从而更好地完成这些运动。

图 5-3　提踵练习

（四）俯撑跪姿转体练习

准备姿势　选择一个平坦的地面，俯身撑在地面上，两膝着地成跪姿。确保左臂呈直臂状态支撑地面，为身体提供稳定的支撑。右手轻轻放在头部右侧，帮助练习者保持平衡。同时，确保躯干与大腿成90度角，这样可以更好地利用腰部力量进行转体。眼睛注视前下方，保持头部的自然位置。特别注意保持腰背部的直立，避免做"塌腰"和"低头"的错误姿势。

动作要领　以右侧转体为例，俯撑跪姿转体练习需要利用腰部的力量进行转体，如图5-4所示。首先，将注意力集中在腰部，然后发力，使身体向右转动。在转动的过程中，确保右肘关节指向右侧上方，这样可以确保动作的正确性。当达到转体的极限时，停留1—2秒，感受腰部和躯干的肌肉紧张感。然后，缓慢地将身体恢复到起始位置。初学者在转体的过程中可能会遇到困难，尤其是脊柱的柔韧度不够。这时，可以通过减少转动的幅度来降低难度，随着练习次数的增加，逐渐增加转动的幅度。另外，注意控制呼吸也非常重要。向外转体时吸气，向内转体时呼气，这样可以更好地配合动作，增强练习效果。

常见错误　在转体的过程中，一些常见的错误包括动作幅度不足、动作不协调或姿势不正确等。最常见的问题是"塌腰"和"低头"，这不仅会影响练习效果，还可能导致腰部受伤。因此，正确的动作控制非常重要。为了改进练习动作，可以通过录像或让同伴监督的方式，观察动作是否正确。这样可以帮助练习者发现并纠正错误，从而增强练习效果。

动作益处　该动作对于激活躯干肌群和提升脊柱灵活度非常有益。躯干肌群是维持身体平衡和稳定的关键肌肉群，而脊柱的灵活度对于完成日常生活中的各种动作都非常重要。身体的转体动作在日常生活中很常见，例如在高尔夫球、羽毛球等运动中都需要进行快速的转体动作。此外，意外跌倒时也经常伴随着急性的身体转动。如果躯干的柔韧度和灵活性不佳，跌倒的风险可能会增加。因此，该项练习可以提高身体的平衡能力、稳定性和灵活性，从而降低跌倒的风险。

图 5-4　俯撑跪姿转体练习

注：患有严重高血压的老年人在进行热身练习时，应该谨慎进行俯撑跪姿转体练习，部分刚开始接触该项练习的老年人，可能会出现轻微的眩晕。

（五）站姿转体练习

准备姿势　两腿与肩同宽站立，保持身体的稳定。将身体的重心均匀地分布在两腿之间，这样可以确保动作更加流畅和协调。同时，两臂在胸前屈肘平举,双手握拳相对。挺直身体,目视前方,保持身体的直立状态,不要弯曲或倾斜。确保背部挺直,这样可以防止受伤,并且更好地利用腰部力量进行转体。

动作要领 如图5-5所示,该动作需要利用腰部的力量进行转体。首先,将注意力集中在腰部,然后发力,带动身体向左侧转动。转动的过程中,尽量使两肩连线转动90度,这样可以确保动作更加到位。当转动到位后,保持该姿势1—2秒,感受腰部和躯干的肌肉紧张感。然后,慢慢地将身体恢复到起始位置。接下来,向右侧进行同样的转动动作。在整个转动的过程中,可以适当加快速度,这样可以强化腰腹部肌群的力量。另外,也可以通过匀速转动的方式,达到激活躯干肌群的目的。

常见错误 在进行转体的过程中,一些常见的错误包括只转动手臂而没有转动躯干、转体时弓背,或转体时两脚同时跟着转动而没有保持原位站立。这些错误不仅会影响练习效果,还可能对腰部造成不必要的压力和伤害。因此,初学者在练习时应注意正确的动作姿态和技巧。特别注意在转动时保持颈、背、腰在一条线上,这样可以确保动作更加到位,并且减少受伤的风险。

动作益处 这个转体动作对于激活腰背部肌群和锻炼脊柱灵活度非常有益。腰背部肌群是维持身体姿势和稳定性的关键肌肉群,而脊柱的灵活度对于完成日常生活中的各种动作都非常重要。练习这个转体动作,可以提高腰背部的肌肉力量、柔韧性和灵活性,从而改善姿势、减轻压力并预防腰部疼痛等问题。此外,该动作还可以提高身体的平衡能力和协调性,增强对身体的控制能力。在进行一些需要快速转体的运动或日常活动时,例如开车、骑自行车等,该动作也可以帮助练习者更加流畅且稳定地进行身体转动。

图 5-5　站姿转体练习

（六）仰卧屈膝转体练习

准备姿势　在进行这项练习之前，练习者需仰卧在垫子上，让两腿屈髋、屈膝，形成 90 度的角度，如图 5-6 所示。同时，需要将两臂伸直并外展，与身体形成 90 度的角度，并放在体侧。保持该姿势，自然地呼吸，放松身体。

动作要领　准备姿势做好后，需要用腰腹部的力量带动双腿向左侧下方转动，直到腿部触地。在腿部触地后，停顿 1—2 秒，感受腰腹部的发力。然后，慢慢地将双腿转回原位。完成一次后，再向右侧下方转动双腿。在整个过程中，要保持动作的匀速和缓慢，并用心体会腰腹部持续、缓慢用力输出的感觉。

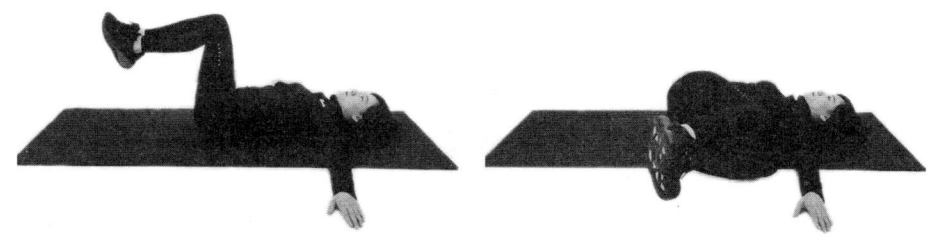

图 5-6 仰卧屈膝转体练习

常见错误 初学者在练习过程中，容易犯的错误主要有两个：一是在两腿转动的过程中肩背部离地，这会影响动作的完成度和效果；另一个错误是两腿在转动过程中没有保持屈髋、屈膝 90 度，这会导致动作不标准，影响锻炼效果。为了避免这些错误，可以先从小幅度转动开始练习，保持屈髋和屈膝的角度，然后再逐渐过渡到完整幅度的练习。

动作益处 该项练习可以激活腹部的内斜肌和外斜肌，提高其力量和躯干的控制力。同时，该动作还可以增加髋关节的灵活度。虽然这项练习的强度较低，但它能够全面地动员躯干核心区的肌群。持续地进行这项练习可以改善身体的姿势，提高身体的协调性和稳定性。

第二节 初级练习方案

一、第一套练习方案

本套练习方案适合初学者。在本套练习中，从上肢动作上看，弹力带推胸练习能够激活肩胛肌群，并提高灵活度。将抓握行走练习配合腕屈伸练习，能够显著改善老年人手指、手掌和前臂的肌肉力量，为上肢训练打好基础。从下肢动作上看，扶墙单腿后伸练习、单腿旋转画圈练习和扶椅弓步蹲练习均能够提升老年人单腿和双腿的平衡能力。从躯干动作上看，坐姿单腿提膝练习与坐姿交替收腿练习能够提升腰腹部肌群力量和躯干核心区肌群的控制力。如表 5-2 所示，老年人可以分别尝试采用循环训练法和重复训练法进行锻炼，体会不同的训练方法对身体带来的影响。

表 5-2 第一套练习动作简表

练习内容	安排形式	次数	组数	组间休息
弹力带推胸练习	循环训练法或重复训练法	8—20 次	2—3 组	30—90 秒
抓握行走练习				
腕屈伸练习				
扶墙单腿后伸练习				
单腿旋转画圈练习				
扶椅弓步蹲练习				
坐姿单腿提膝练习				
坐姿交替收腿练习				

注："重复训练法"是多次重复同一练习，并在两次（组）之间安排一定休息时间的练习方法。在本例中，如果锻炼者选择采用重复训练法进行练习，即需要先完成 2—3 组弹力带推胸练习，然后才能进行抓握行走练习。

（一）弹力带推胸练习

准备姿势 两腿与肩同宽站立，保持身体的稳定。目视前方，保持身体直立，不弯腰驼背。两手抓握弹力带两端，确保弹力带处在合适的位置和长度。然后将弹力带绕过后背，让肩关节向外展开约 90 度，同时肘关节屈曲，使前臂尽量靠近大臂。

动作要领 保持两臂向前伸直，开始做推胸动作。如图 5-7 所示，通过肩关节和肘关节的协调运动，拉动弹力带，将手臂向前推出，直至两臂完全伸直。在这个过程中，要保持动作的稳定和匀速，避免突然用力或过度使用爆发力。当两臂完全伸直后，稍停 1—2 秒，感受胸部肌群的紧绷感。然后，缓慢还原至起始姿势，同时做呼气动作。在完成整个动作的过程中,要确保呼吸的平稳和流畅,前推时呼气,还原时吸气。

常见错误 在练习的过程中,初学者容易出现手臂偏离水平面、弓背等代偿动作。这可能是力量不足或动作不熟练导致的。为了改正这些错误动作,可以先调整弹力带的长度,减小抓握弹力带的力度,提高动作的可控性。随着练习的深入,逐渐增加弹力带的阻力,提高动作的难度。此外,练习者可以加强对核心肌群的训练,提高身体的稳定性,减少代偿动作的出现。

动作益处 该动作主要加强胸部肌群和前锯肌的力量。胸部肌群是人体上半身的重要肌肉群之一,对上半身的稳定性和力量输出有重要的作用。而前锯肌则与肩胛骨的运动和肩关节的稳定性密切相关。对于老年人来说,前锯肌如果较弱,容易导致肩胛骨位置不正、肩关节活动度下降等问题。通过推胸动作的练习,可以有效地锻炼胸部肌群和前锯肌,提高肩关节的稳定性和活动度。此外,推胸动作在日常生活和运动中随处可见,是人体运动功能的基础动作之一。加强推胸动作的训练,可以提高身体的平衡性、肌肉力量和协调性。

图 5-7　弹力带推胸练习

(二)抓握行走练习

准备姿势 两腿与肩同宽站立,保持身体的稳定。目视前方,保持身体直立,不弯腰驼背。两手抓握哑铃的一端,确保哑铃呈竖直状,如图 5-8 所示。手臂与躯干保持一定的距离,以便更好地完成接下来的动作。

动作要领 两手紧握哑铃,两臂保持外展约 15 度,这样做是为了在行走时能够保持稳定的姿态。同时,手掌要发力,以保持哑铃的相对稳定状态。然后,进行原地踏步或短距离行走的练习。在行走过程中,要保持躯干的稳定和平衡,避免摇晃或倾斜。随着动作的熟练,可以逐渐增加行走的距离和速度。

常见错误 在练习过程中,初学者容易出现两臂贴靠躯干或行走时脚步拖沓的情况。这可能是手臂力量不足或协调性较差导致的。为了改正这些问题,可以先调整哑铃的重量,使用较轻的哑铃(或矿泉水瓶)进行练习,以降低动作难度。随着练习的深入,逐渐增加哑铃的重量,以提高动作的难度。此外,可以加强手臂和核心肌群的训练,提高身体的稳定性和协调性。

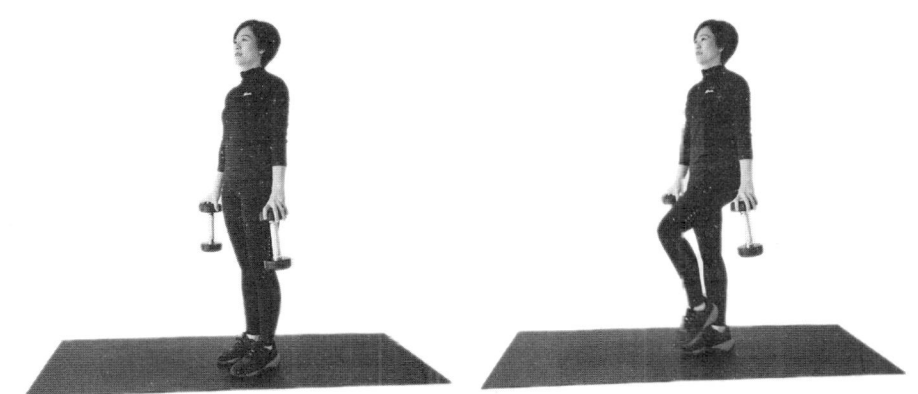

图 5-3 抓握行走练习

注:在练习时,练习者可以将两臂外展的幅度加大,使两臂做侧平举动作,这样可以同时增强三角肌和冈上肌肌群的力量。

动作益处 该动作能够强化腕部和手掌肌群的力量。对于老年人来说，这些肌群的力量对于进行羽毛球、乒乓球、太极剑等运动非常重要，因为这些运动需要握拍或握剑等动作。通过这项练习，老年人可以更好地掌握这些运动技能，提高运动表现。此外，轻度负重状态下的行走能够提升步态能力，提高身体的协调性和平衡性。这对于预防老年人跌倒和提高日常生活的自理能力都有积极的作用。在进行这项练习时，要注意动作的正确性和稳定性，避免过度用力或过度疲劳。建议根据个人的身体状况和运动能力适当调整练习的强度和时间。

（三）腕屈伸练习

准备姿势 两腿与肩同宽站立，保持身体的稳定。两手抓握哑铃，掌心相对，这样能更好地保持哑铃的稳定性。两臂稍微向外展，与躯干保持一定的角度，以增加动作的幅度和效果。同时，两眼目视前方，保持颈部自然伸直，头部与躯干在一条直线上。

动作要领 两臂保持向外展的状态，这是为了在腕关节做屈伸动作时能够更好地发力。然后，两侧腕关节同时向内屈，该动作需要用到前臂的旋前肌群。在腕关节屈至最大程度时，保持1—2秒，感受肌肉的紧绷感。之后，做腕关节向外伸的动作，该动作能够锻炼到前臂的旋后肌群。在完成整个动作的过程中，肘关节应尽量保持伸直状态，避免弯曲，以确保动作的有效性，如图5-9所示。

常见错误 在腕关节屈伸的过程中，容易出现上臂同时移动的情况，这种情况会分散力量，影响训练效果。为了改正这一问题，要注意保持上臂相对固定，强调只有腕关节做运动。此外，在屈伸的过程中，手臂左右晃动也会影响动作的稳定性。

动作益处 该动作主要强化腕关节的力量。腕关节是连接手臂和手的关键部位，对于完成日常生活中的各种手臂支撑动作非常重要。强壮的腕关节能够提供更好的支撑力和稳定性，有助于老年人完成各种日常活动，如端碗、拿杯子等。此外，对于喜欢进行握、挥、持拍等运动的老年人来说，强化腕关节的力量能够提高运动表现并预防运动损伤。在进行这项练习时，要注意动作的正确性和稳定性，避免过度用力或过度疲劳。建议根据个人的身体状况和运动能力适当调整练习的强度和时间。

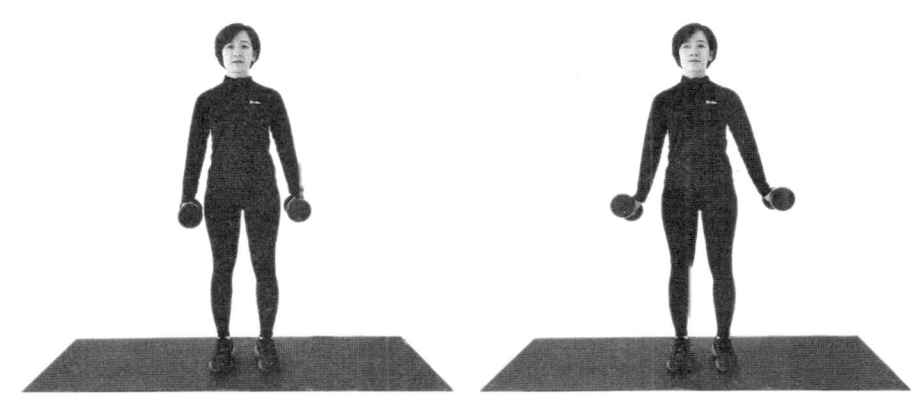

图 5-9　腕屈伸练习

（四）扶墙单腿后伸练习

准备姿势　两腿与肩同宽站立，保持身体的稳定。然后，一只手扶住墙壁或椅子，这样做是为了提供支撑并保持身体的平衡。接着，将身体的重量放在单腿上，另一侧腿伸直，并且收紧腹部，保持核心部位的稳定性，如图 5-10 所示。目视前方，保持颈部自然伸直，头部与躯干在一条直线上。

动作要领　在上体保持直立的同时，继续收紧腹部核心肌群。接下来，左腿向后上方抬起，保持该姿势 3—5 秒，感受臀大肌的紧绷感以及大腿后侧的拉伸感。此动作能够锻炼臀大肌和大腿后侧肌群。保持该动作的稳定性，并控制好呼吸节奏。然后，缓慢恢复至起始姿势。换右腿做相同的动作,但方向相反。

常见错误　在腿部后伸时,容易出现腰腹部向前顶髋的情况。这样做会影响动作的正确性,并可能对腰部造成不必要的压力。因此,在练习时,应注意髋关节的位置,并尽量保持腹部收紧和腰背部挺直。另外,当向后侧伸腿时,有时会出现屈膝的动作。为了改正这一问题,要注意保持膝关节的伸直状态,并专注于使用臀部发力带动腿部抬起。

动作益处　该动作主要加强臀大肌的力量。臀大肌是下肢的重要肌群之一,对于行走、跑步等运动中的发力非常重要。强壮的臀大肌能够提高人体的平衡能力,改善行走与慢跑时腿部发力的经济性。这对于老年人的日常活动和运动表现都有积极的影响。此外,该动作还可以锻炼大腿后侧肌群和腹部核心肌群,进一步增强身体的稳定性和核心力量。在进行该项练习时,要注意动作的正确性和稳定性,避免过度用力或过度疲劳。建议根据个人的身体状况和运动能力适当调整练习的强度和时间。

图5-10　扶墙单腿后伸练习

(五)单腿旋转画圈练习

准备姿势　两腿自然站立,保持身体的稳定。两手轻轻置于腰部,重心稍微向左腿倾斜,使左腿完全着地,这样可以提供更好的支撑以保持平衡。同时，两眼目视前方，保持颈部自然伸直，头部与躯干在一条直线上。

动作要领　右腿屈髋屈膝至90度，然后向上抬起。该动作需要用到大腿后侧肌群的力量。接下来，臀大肌发力，使大腿向右旋转并画圈，如图5-11所示。该动作可以锻炼臀大肌和大腿外侧肌群。在旋转的过程中，要保持一定的速度和控制力，以确保动作的稳定性和流畅性。当膝盖指向身体右侧时，保持该姿势1—2秒，感受肌肉的紧绷感。然后，缓慢恢复至起始姿势。换左腿做相同的动作，但方向相反。

常见错误　在练习过程中，支撑腿可能不会在运动过程中一直保持站立的姿势，从而导致身体摇晃。为了改正这个问题，要注意保持支撑腿的稳定，同时调整呼吸节奏，以便更好地控制身体的平衡。摆动腿在运动的过程中可能无法上抬至一定的高度或向外摆动的幅度不足。初学者可以先降低上抬腿的高度或向外摆动的幅度，在保持身体平衡的状态下完成低难度的练习。随着动作的熟练，再逐步增加动作幅度和难度。

动作益处　该动作能够提升单侧腿部肌群的控制力，提高人体的整体平衡能力。通过练习该动作，老年人可以更好地掌握身体平衡和下肢的移动技巧。这对于日常生活中常见的走路、站立等动作都是非常重要的。此外，该动作还可以增强下肢的侧向支撑能力，这对于老年人来说非常重要，因为在侧向支撑时可以减少摔倒的风险。通过这项练习，臀大肌能够得到有效的锻炼，显著提高老年人的下肢力量。这不仅有助于提高老年人的行走能力，还可以预防跌倒等意外情况的发生。在进行这项练习时，要注意动作的正确性和稳定性，避免过度用力或过度疲劳。建议根据个人的身体状况和运动能力适当调整练习的强度和时间。

图 5-11 单腿旋转画圈练习

注：对于下肢力量不足的老年人，建议采用手扶椅子或者墙壁的方式进行练习，以减小由于腿部支撑不稳带来的潜在损伤风险。

（六）扶椅弓步蹲练习

准备姿势 两脚前后分开站立，人体侧面朝向墙壁或椅子。这样的站位有助于保持身体的平衡和稳定。然后，一只手轻轻放置在腰部，另一只手自然伸直，与身体保持一定的距离，以增加动作的幅度和效果。同时，两眼平视前方，保持颈部自然伸直，头部与躯干在一条直线上。

动作要领 练习者将重心保持在两腿之间，同时进行下蹲动作，如图 5-12 所示。该动作需要踝关节、膝关节和髋关节都弯曲成 90 度。这样做可以确保动作的正确性和稳定性，同时能够有效地锻炼相关肌群。在下蹲的过程中，膝盖略微抬离地面，保持双脚尖朝前，膝盖对准脚尖。

这样做有助于保持身体的平衡和稳定。用手扶住椅子或墙壁，保持弓步蹲的姿势2—3秒，感受相关肌群的紧绷感。然后呼气，慢慢恢复至站立位。接着换对侧腿完成相同的动作，但方向相反。

常见错误　在练习过程中，容易出现下蹲时踝关节、膝关节、髋关节未成90度的情况。这会影响动作的正确性和效果。为了改正这一问题，要注意保持踝关节、膝关节和髋关节的弯曲度，确保动作的标准性。同时，下蹲时身体容易左右晃动，影响平衡和稳定。初学者在进行练习时，可以用单手或双手扶住支撑物进行练习，如墙壁、椅子等，这样做能够提供必要的支撑，帮助初学者更好地掌握动作技巧并控制平衡。

动作益处　该动作能增强膝关节的屈伸力量和大腿肌群的力量。膝关节是人体重要的承重关节之一，强化膝关节肌群的力量能够提高该关节的稳定性和耐久性。大腿肌群是人体在进行行走、跑步等运动时所需的重要肌群之一，强化大腿肌群能够提高身体的平衡能力与稳定性。在进行扶椅弓步蹲练习时，要注意动作的正确性和稳定性，避免过度用力或过度疲劳。建议根据个人的身体状况和运动能力适当调整练习的强度和时间。

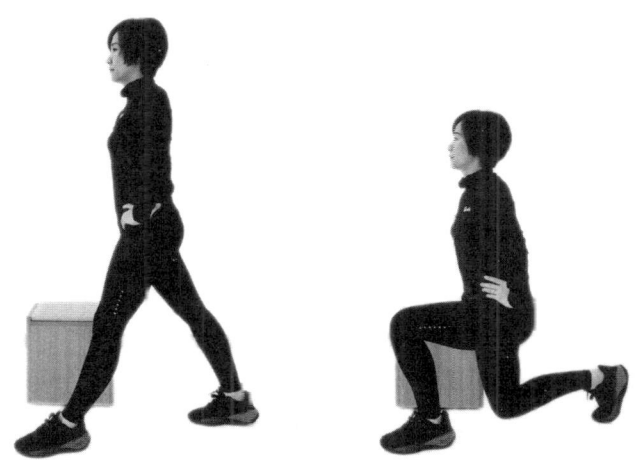

图 5-12　扶椅弓步蹲练习

（七）坐姿单腿提膝练习

准备姿势 坐在椅子上，背部应保持直立，尽量远离椅背，以减轻对腰椎的压力。两手交叉置于胸前，提供适当的支撑以保持稳定性。同时，整个上半身保持挺直，不要放松或弯曲。两脚微微抬起并保持悬空状态，这样可以增加动作的难度，更好地锻炼核心肌群。

动作要领 该动作需要用到髋关节和大腿的肌肉。一侧腿屈髋抬起，使膝盖尽量往身体方向靠拢，如图5-13所示，这样可以增加动作的难度和效果。保持该姿势2—3秒，感受大腿和髋关节肌肉的紧绷感。然后吸气，慢慢将腿还原至起始位置。接着换另一侧腿完成相同的动作。在完成整个动作的过程中，两脚始终保持悬空状态，这样可以更好地锻炼核心肌群并提高身体的稳定性。

常见错误 在练习过程中，容易出现大腿抬起时塌腰弓背的情况，这会影响动作的正确性和效果，并对腰椎造成不必要的压力。为了改正这一问题，要注意保持背部的挺直和稳定，同时注意控制好抬起腿的力量和角度。初学者可以先将准备姿势作为静态练习，让身体逐渐适应该动作的强度。随着动作的熟练和核心力量的提升，再逐渐提高抬腿的高度和动作的难度，从而完成标准动作。

动作益处 这项练习主要提升髂腰肌和腹部肌群的力量。这些肌群在人体运动中发挥着重要的作用，特别是在需要稳定身体的运动中。通过这项练习，可以提高躯干核心区肌群的稳定性。这不仅有助于提高运动表现和身体的平衡能

图5-13 坐姿单腿提膝练习

注：初学者可以使用有椅背的椅子，建议先从倚靠椅背开始练习，以保证安全。

力,还有助于预防因核心肌群薄弱而引起的各种身体问题,如腰椎疼痛、膝盖受伤等。在进行该项练习时,要注意动作的正确性和稳定性,避免过度用力或过度疲劳。建议根据个人的身体状况和运动能力适当调整练习的强度和时间。

(八)坐姿交替收腿练习

准备姿势 练习者应舒适地坐在垫子上,确保双腿伸直并拢。双腿应放松并平放在地面上,这样可以帮助练习者更好地稳定重心。两手则应撑在身体后侧,肘关节微屈,这样的姿势可以提供必要的支撑,以帮助练习者保持身体的平衡。同时,整个上半身应保持挺直,不要放松或弯曲,以防止在完成动作的过程中失去稳定性。

动作要领 在保持腹部收紧的状态下,通过下腹部发力将腿部抬离地面,如图5-14所示。这一步骤需要集中注意力并调动核心肌群的力量。抬腿时,要确保腿部与地面保持垂直,这样可以确保动作的标准性。接下来,进行左、右腿的交替收腿动作。在交替收腿的过程中,要保持节奏感,确保两腿的交替动作流畅且协调。在练习过程中,腹部始终保持收紧状态,这样可以保证动作的稳定性和效果。

常见错误 在练习过程中,常见的问题是腰部或腿部未完全伸直,或者腿部未能保持悬空状态。这些错误会影响动作的正确性和效果。为了改正这些问题,需要确保腰部和腿部完全伸直,并保持身体的稳定和平衡。此外,需要确保腿部在抬离地面后能够保持悬空状态,这样可以更好地锻炼核心肌群并增强稳定性。初学者可以先从简单的腹部和腿部训练开始,以提升核心肌群的力量和控制能力。随着技巧的提高和力量的增强,可以逐渐提高抬腿的高度和动作的难度,从而完成更标准的动作。

动作益处 这项练习主要针对髂腰肌和腰腹部肌群进行训练,对于提升这些肌群的力量有显著的效果。髂腰肌是连接腰部和大腿的重要肌肉群，通过加强髂腰肌的力量，可以提升身体的控制力和平衡感。此外，腰腹部肌群作为人体核心肌群的重要组成部分，对于身体的姿势、运动和稳定性都有重要的影响。通过这项练习，可以增强躯干核心区肌群的力量和稳定性，提高身体的平衡能力。这不仅有助于改善身体的姿势和外观，还有助于预防因核心肌群薄弱而引起的各种身体问题，如腰部疼痛、膝盖受伤等。在进行该项练习时，要始终注意动作的正确性和稳定性，避免过度用力或过度疲劳。建议根据个人的身体状况和运动能力适当调整练习的强度和时间。

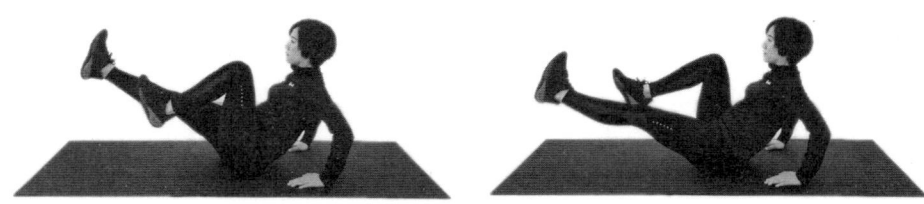

图 5-14　坐姿交替收腿练习

注：该动作对于腹部肌群的刺激较大，老年人在进行该项练习时，应保持呼吸，禁止憋气。

二、第二套练习方案

本套练习方案适合初学者。如表 5-3 所示，本套练习中，从上肢动作上看，弹力带俯身划船练习配合弹力带肩关节外旋练习，能够显著改善老年人常见的"驼背"现象，即"头前倾"和"圆肩"。从下肢动作上看，扶墙单腿旋转画圈练习与下蹲提踵练习有利于提高老年人单腿和双腿的平衡能力以及踝关节、膝关节和髋关节的联动能力，再配合动态的跳跃练习，能够改善老年人的下肢力量和协调能力。从躯干动作上看，站姿对侧肘膝转体练习能够提升躯干的旋转能力，增强核心区的控制力。

表 5-3　第二套练习动作简表

练习内容	安排形式	次数	组数	组间休息
弹力带俯身划船练习	循环训练法或重复训练法	8—20 次	2—3 组	30—90 秒
弹力带肩关节外旋练习				
扶墙单腿旋转画圈练习				
下蹲提踵练习				
靠墙深蹲练习				
前踢腿练习				
后踢腿练习				
站姿对侧肘膝转体练习				

（一）弹力带俯身划船练习

准备姿势　两腿与肩同宽站立，保持身体的稳定。将弹力带两端分别固定在两只脚的位置，两只手则抓握弹力带的中段。为了保持平衡，膝盖和髋关节稍微弯曲，形成约 120 度角。上体与大腿保持约 120 度角，大腿与小腿也形成相似的角度。

动作要领　保持准备姿势，调动肩后部和背部的肌群，使肩关节做后伸的动作，如图 5-15 所示。在这个过程中，要确保上臂与前臂形成约 90 度角，并保持该姿势 1—2 秒。然后，慢慢地将肩关节恢复到原位。在肩关节后伸时吸气，恢复时呼气。在完成整个动作的过程中，要保持呼吸的节奏和动作的协调性。通过反复练习，可以逐渐提高动作的难度。

常见错误　在练习过程中，一些常见的错误包括肩关节后伸时肘关节远离躯干，或者在练习时出现弓背塌腰的情况。这些错误不仅会影响动作的准确性，还会降低锻炼效果。为了避免这些问题，需要注意保持肘关节靠近身体两侧，并始终保持上半身的直立状态。这样能够确保背部肌群得到更好的锻炼，并提高动作的正确性和稳定性。

动作益处 该动作有益于增强背部肌群的力量。通过反复练习，可以有效地改善圆肩、驼背等不良的身体姿势。此外，该动作还有助于提高身体的平衡性和稳定性，对于日常活动和运动表现都有很大的帮助。通过持续的练习，不仅能提升自己的形象气质，还能增强身体健康。同时，该动作可以帮助练习者扩大肩部的活动范围，提高肩部的灵活性，有助于预防肩部僵硬和疼痛等问题。此外，该动作还可以强化背部肌肉，改善不良姿势，提升身体的稳定性和平衡性。对于经常坐着办公或学习的人来说，该动作是一个很好的锻炼方法，可以帮助练习者缓解背部和肩部的压力，预防长期保持同一姿势所导致的肌肉疲劳和疼痛等问题。

图 5-15 弹力带俯身划船练习

（二）弹力带肩关节外旋练习

准备姿势 两腿与肩同宽站立，保持身体的稳定。然后，两手分别抓握弹力带，并将其调整至合适的长度。此时，肘关节应该向前屈 90 度至水平位置，大臂紧贴身体，目视前方。

动作要领 当准备好后，练习者将肩胛骨内收，同时肩关节做外旋动作将两前臂朝两侧方向转动，如图 5-16 所示。在转动的过程中，稍微停留 1—2 秒，以增强锻炼效果。然后，慢慢地将前臂恢复到起始位置。

在练习过程中，需要注意在肩关节外旋时吸气，恢复时呼气，这样可以保持呼吸的节奏和动作的协调性。对于初学者来说，选择弹力适中的弹力带能更好地降低练习的难度。

常见错误　在练习过程中，一些常见的错误包括上臂和肘关节远离躯干、动作幅度过大或过小等。为了避免这些问题，需要注意保持大臂紧贴身体，肘关节贴近身体两侧。同时，要保持动作的稳定性和节奏感，不要过度用力或动作过快。

动作益处　该动作有益于增强肩胛肌群和上背部肌群的力量。通过反复练习，可以有效地改善圆肩、驼背等不良的身体姿势，提高身体的平衡性和稳定性。对于经常参加羽毛球、气排球、网球等需要肩部稳定性和灵活性的运动的人来说，该动作能够预防肩峰撞击综合征等运动损伤，并提升运动表现。此外，由于它是一项低强度但效果全面的练习，因此它可以帮助练习者全面动员躯干核心区的肌群，提升身体的平衡性和稳定性。

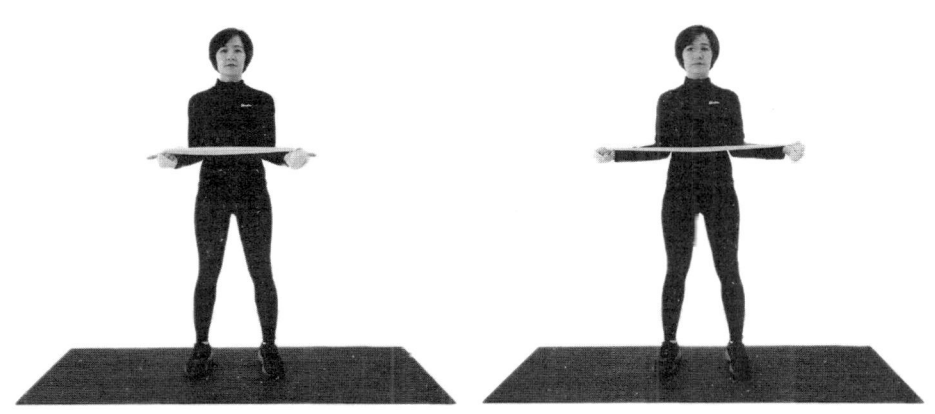

图 5-16　弹力带肩关节外旋练习

（三）扶墙单腿旋转画圈练习

准备姿势　两腿与肩同宽站立，保持身体的稳定。然后，用一只手轻轻地扶住墙壁或椅子，并以此侧腿作为支撑。与此同时，另一侧的腿部应绷紧脚尖，保持膝盖完全伸直，同时腹部收紧，维持身体的直立姿势。此外，需要目视前方，以确保身体的平衡与稳定。

动作要领　在练习过程中，非支撑腿需要在前方、侧面和后方三个方位各保持2秒，形成一个完整的"画圈"动作，如图5-17所示。这个"画圈"动作代表一圈，每完成一圈需要3秒。在画圈的过程中，要始终保持腿部尽量伸直，脚尖绷直。这个动作能有效地锻炼臀部肌群的力量和控制力。

图 5-17　扶墙单腿旋转画圈练习

常见错误 在练习过程中，练习者可能会出现腿部在不同方位停留时间不足，或者腿部没有完全伸直的问题。这些问题可能是臀大肌和腿部力量不足所导致的。因此，在练习之前，建议先进行一些改善腿部伸直状态和力量的训练。此外，当腿部进行"画圈"动作时，上半身应保持直立状态，不要跟随腿部动作摇晃或倾斜。

动作益处 该动作对于提升臀部肌群的力量和控制力非常有帮助。臀部肌群是行走、慢跑和侧向支撑等日常动作的关键肌肉。通过这项练习，可以增强臀部肌群的稳定性和力量，提高身体的平衡性和协调性。此外，由于强化后的臀部肌群可以改善身体姿态和步态，因此这项练习也有助于提升自信心和生活质量。

（四）下蹲提踵练习

准备姿势 两腿与肩同宽站立，保持身体的稳定。两手轻轻置于腰部两侧，确保腰背直立，目视前方。

动作要领 呼气，慢慢地屈膝下蹲，使大腿与小腿之间的角度大约为130度。下蹲时，注意伸髋伸膝，使后脚跟稍微离地。然后，尽量使身体向上提起，保持平衡，如图5-18所示。停留3—5秒，感受身体的力量和平衡。随后，缓慢地恢复到起始姿势。在练习过程中，下蹲呼气，上提吸气，不要憋气。该动作能够有效地锻炼踝关节、膝关节和髋关节的联动能力，以及小腿肌群的力量。

常见错误 在向上提起身体的过程中，有些人可能会出现身体前倾或后倾的问题，破坏身体平衡。这可能是肌群力量不平衡或动作控制不当所导致的。为了解决这个问题，可以在练习时逐渐控制提踵的高度，以确保练习过程中的平衡。同时，保持腰背挺直，避免弓背塌腰。

动作益处 该动作不仅有助于提升踝关节、膝关节和髋关节的联动能力，使练习者在行走和跑动时更加稳定，还能显著增强小腿肌群的力量。长期坚持这项练习，将有助于提升运动表现和身体平衡性。该动作对于跑步、跳跃、登山等体育运动有良好的支持作用。

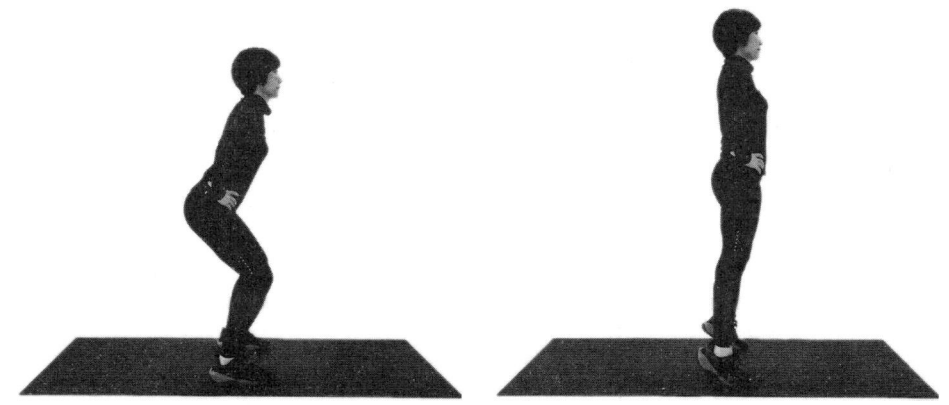

图 5-18　下蹲提踵练习

（五）靠墙深蹲练习

准备姿势　背对着墙壁，两脚与墙面之间的距离约为两个脚掌的长度。确保上半身直立，背部紧紧地靠在墙壁上。两臂自然伸直，掌心朝后，贴在墙壁上。该姿势能够帮助练习者保持身体的平衡与稳定，为接下来的动作做好准备。

动作要领　固定两脚，保持背部紧贴墙壁，然后缓慢下蹲。在下蹲的过程中，使大腿与地面平行，如图 5-19 所示。当大腿与地面平行时，停留 3—10 秒，感受身体的平衡和稳定。然后，缓慢地将腿部伸直，同时让背部沿着墙壁向上滑动，直至恢复到站立位。该动作要求控制下蹲和起立的速度，同时保持动作的稳定和流畅。

常见错误　在练习过程中，有些人可能会犯下蹲或起立过快的错误，导致腰背没有完全贴紧墙壁。这可能会影响动作的稳定性和效果。初学者可以通过逐渐提高或降低下蹲的距离和速度来适应或挑战自己的肌肉力量。同时，确保在完成动作的过程中腰背紧贴墙壁，以获得最佳的训练效果。

动作益处 该动作有助于强化髋关节、膝关节、踝关节周围肌群的联动能力。通过练习该动作，下肢肌肉群将得到有效的锻炼，提高运动时的稳定性和协调性。同时，该动作还能提高躯干核心区肌群的力量，改善身体姿势和平衡性。长期坚持练习该动作，将有助于提升练习者在进行下肢运动时的表现和稳定性。无论是在跑步、跳跃、足球、篮球等运动中，还是在日常生活中，该动作都将为练习者带来实实在在的好处。

图 5-19　靠墙深蹲练习

注：在进行这项练习时，首先，应穿着摩擦力大的鞋子，避免滑倒；其次，可以在臀部下方放置一张矮凳，起到保护的作用。建议在练习时，将靠墙的角度从大到小逐渐减小。

（六）前踢腿练习

准备姿势 两腿与肩同宽站立，保持身体的稳定。两臂自然置于胸前，呈拳击的预备状态，手握成空拳。然后，需要目视前方，保持眼神专注，这样能够帮助练习者更好地集中注意力并保持平衡。

动作要领 准备好后，需要抬起左腿，尽量使其与地面保持水平。在这个位置上，需要做一个前踢的动作，用左腿向前踢出。完成该动作后，需要确保身体稳定地恢复到起始姿势，然后再换右腿进行同样的前踢动作，如图 5-20 所示。在这个过程中需要保持身体的平衡，因为在单腿支撑的状态下，平衡感是至关重要的。

常见错误 在练习过程中，常见的错误动作包括前踢时腰背没有保持直立，或者身体重心过于前移。为了避免这些问题，可以在初学阶段将两手撑在椅子上，以增加稳定性。随着技巧的提升，可以尝试降低前踢腿的高度，这样可以减少动作的难度并增加动作的稳定性。然后，可以逐渐增加动作的难度,直到能够完成完整的前踢动作。

动作益处 该动作对于增强髋关节和膝关节的屈伸能力非常有帮助。通过练习该动作,可以提高单腿支撑状态下的腿部活动能力,这对于提升身体的平衡能力和躯干核心区的控制力非常有益。长期坚持这项练习,将有助于提升老年人在各种运动和日常生活中的表现和稳定性。

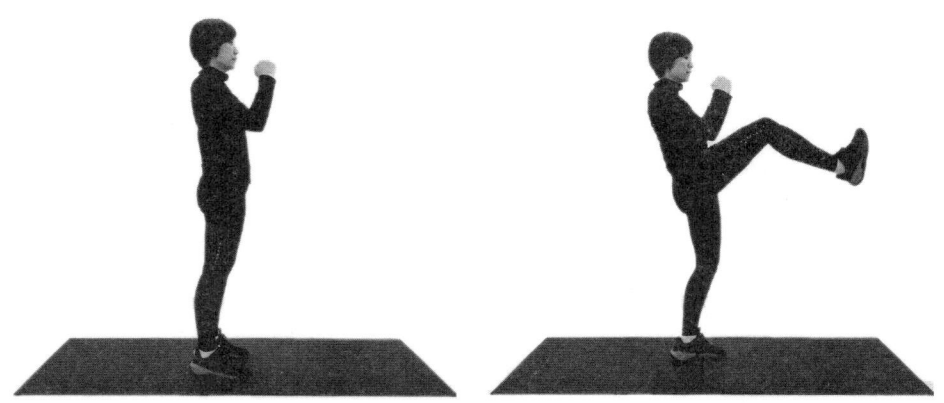

图 5-20 前踢腿练习

注:由于部分老年人腿部韧带较差,单腿支撑时平衡能力不佳,肌肉力量不足,特别是对于有协调障碍的老年人,建议在练习时先降低难度,例如先进行手臂练习,再进行脚前伸触地练习,最后再把手臂、腿部动作组合起来进行练习。

(七)后踢腿练习

准备姿势 两腿与肩同宽站立,保持身体的稳定。两手在腰后部交叉,手心朝上,手指轻轻相扣。然后,需要目视前方,保持眼神专注,这样能够帮助练习者更好地集中注意力并保持平衡。

动作要领 完成交叉后踢腿动作。具体而言,需要先抬起左腿,尽量使其与地面保持垂直,然后右腿向后踢出。接着,需要将右腿向前摆动,左腿向后踢出。该动作需要反复进行,尽量使脚后跟靠近臀部,如图 5-21 所示。在这个过程中,可以根据自身的能力调整后踢腿的速度。

常见错误 在练习过程中,常见的错误动作包括后踢腿过程中身体前倾,或者左、右腿的节奏不一致。这些错误都可能导致动作不稳定或对身体造成不必要的压力。为了避免这些问题,练习者可以在初学阶段先进行慢速的后踢腿动作,感受后脚跟靠近臀部的感觉。随着技巧的提升,可以逐渐加快后踢腿的速度。同时,注意保持身体的平衡和稳定,避免身体前倾或左右摇摆。

动作益处 该动作对于增强股后肌群非常有帮助。通过练习该动作,可以提升下楼梯或下坡时腿部的支撑力。此外,连贯的后踢腿练习还有助于提升腿部协调能力,这是能有效避免跌倒的练习之一。长期坚持这项练习,将有助于提升老年人在各种运动和日常生活中的表现和稳定性。

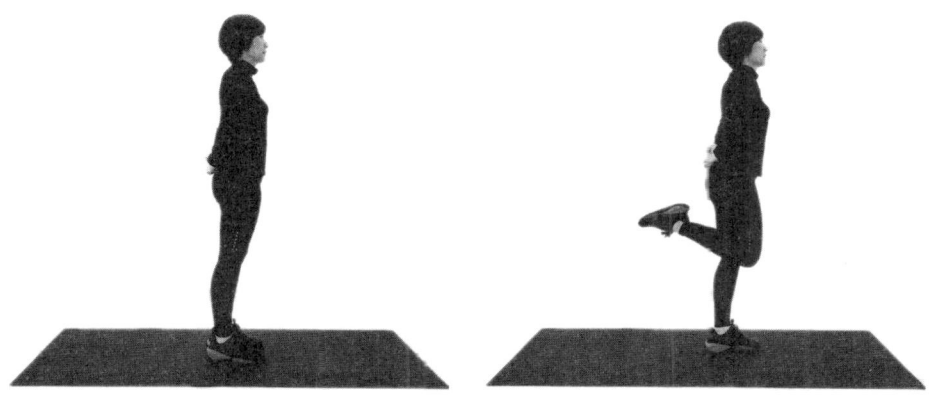

图 5-21 后踢腿练习

(八)站姿对侧肘膝转体练习

准备姿势 两腿与肩同宽站立,保持身体的稳定。将身体重心平均分配到两腿之间,以保持稳定。双手置于头后,掌心相对,手指交叉相握。目视前方,保持头部和身体的直立状态。同时,要注意两肘应尽量向后方展开,避免向前倾斜。

动作要领 利用腰部肌群的力量,驱动身体向左侧转动。在这个过程中,左膝需要上抬并向身体的右方移动。尽量使右肘关节与左膝关节相互靠近,感受腰腹部的扭转力量。然后,慢慢地恢复到起始姿势。站稳后，再向右侧转体，进行左肘靠近右膝的动作，如图 5-22 所示。为了更好地激活腰腹部肌群的力量，可以适当加快转动的速度。

常见错误 在转动过程中，一些人可能会因为单腿支撑的平衡性不佳而出现身体过于前倾或侧倾的情况。这可能是单腿支撑能力较弱导致的。对于老年人和平衡能力较弱的人，建议减小身体转动的幅度，或者降低抬腿的高度，以保持平衡和稳定。

图 5-22 站姿对侧肘膝转体练习

注：在进行该项练习时，对于一些双手抱头有困难的老年人，建议灵活调整双手的位置。如果感觉双手抱头有困难，可以将双手自然置于身体两侧，这样可以减轻手臂的支撑力量，同时也可以让动作更加流畅和自然。对于初学者，由于该动作具有一定的难度，为了降低练习难度并保证练习的安全性，建议使用椅子进行辅助练习。具体来说，练习者可以坐在椅子上，将双脚平放在地面上，然后进行转体的动作。这样可以在保持稳定的同时，逐渐练习并适应转体的动作，从而逐步提高动作的难度。

动作益处 该动作能够激活腰腹部肌群，提高脊柱的灵活度。通过反复练习，可以增强腰腹部的肌肉力量和柔韧性，改善身体的协调性和平衡性。这对于日常生活中保持正确的姿势、减轻腰部压力、预防跌倒等都有很大的帮助。同时，该动作还可以提高身体的稳定性，为练习者进行其他运动和活动打下良好的基础。

三、第三套练习方案

本套练习方案适合初学者。如表 5-4 所示，本套练习中，从上肢动作上看，臂托举练习、单臂过顶推举练习、胸前交替前伸练习均能够显著改善老年人的上肢力量、耐力与躯干的协调能力。从下肢动作上看，坐椅深蹲练习能够改善踝关节、膝关节和髋关节的联动能力，而僵尸跳练习能够提升下肢的协调性。从躯干动作上看，两腿臀桥练习能够改善久坐引起的疲劳，而跪姿动态支撑练习和双足静态支撑练习是用于增强核心力量的常用练习。

表 5-4 第三套练习动作简表

练习内容	安排形式	次数	组数	组间休息
臂托举练习	循环训练法或重复训练法	8—20 次	2—3 组	30—90 秒
单臂过顶推举练习				
胸前交替前伸练习				
坐椅深蹲练习				
僵尸跳练习				
两腿臀桥练习				
跪姿动态支撑练习				
双足静态支撑练习		10—30 秒		

（一）臂托举练习

准备姿势 两腿与肩同宽站立，保持身体的稳定。两手抓握适当重量的哑铃，或者使用矿泉水瓶替代。两臂自然下垂，放松肩膀，掌心朝前，保持手指放松。目视前方，保持眼神专注，这样能够帮助练习者更好地集中注意力。

动作要领 如图5-23所示，将两臂伸直，然后缓慢地做屈肘动作，使前臂与上臂形成90度角。保持该姿势5—10秒，感受肌肉的紧张和力量的集中。然后，缓慢地将手臂恢复到原位。在整个过程中，手腕要始终保持固定状态，屈肘时，不能放松手腕。同时，要注意动作的缓慢匀速，不要过快或过慢，这样可以更好地控制力量和节奏。

常见错误 在练习过程中，一些人可能会前倾身体，或者前臂没有与大臂垂直。这是力量控制得不够好和姿势保持得不够稳定所导致的。初学者可以选择重量较轻的哑铃进行练习，这样可以帮助练习者更好地掌握动作和力量控制的技巧。同时，在练习过程中要保持直立姿势，不要让身体向前或向后倾斜，这样可以更好地保持平衡和稳定。

动作益处 该项练习是常见的上肢力量练习之一，特别是针对肱二头肌和腕屈肌的力量训练。通过反复练习，可以有效地提高这些肌肉的

图5-23 臂托举练习

力量和耐力。这项练习不仅有助于提升身体的稳定性，还可以帮助练习者在日常生活中更好地完成各种任务，如提重物、开门等。此外，这项练习还有助于提高身体的协调性和平衡性，对于预防跌倒等意外事件也有积极的作用。

（二）单臂过顶推举练习

准备姿势 两腿与肩同宽站立，保持身体的稳定。两手抓握适当重量的哑铃，或者使用矿泉水瓶替代。将肘关节屈曲，将哑铃置于肩部，掌心相对，保持手指放松。目视前方，保持眼神专注，这样能够帮助练习者更好地集中注意力。

动作要领 准备好后，需要用肩部发力，左、右臂交替做向上推举动作，如图5-24所示。在推举过程中，要注意手臂的伸展和对肌肉的控制。当练习者将哑铃举至最高点时，保持姿势1—2秒，感受肌肉的紧张和力量的集中。然后，缓缓地将手臂恢复到原位。在完成整个动作的过程中，要注意动作的匀速，不要过快或过慢。重点体会手臂上举过程中对肌肉的控制，这样可以更好地控制力量和节奏。

常见错误 在练习过程中，一些人可能在向上推举时身体未保持直立姿势，或者手臂前后摆动，出现代偿动作。这是力量控制得不够好和姿势保持得不够稳定所导致的。初学者可以选择重量较轻的哑铃进行练习，这样可以帮助其更好地掌握动作和力量控制的技巧。同时，在练习过程中要保持直立姿势，不要让身体向前或向后倾斜。此外，部分含胸驼背的练习者可能经常会出现手臂前移的现象，需要先纠正身体姿态，再进行该项练习。

动作益处 这项练习能够有效地增强肩部三角肌的力量和稳定性。通过反复练习，可以提高两手过顶搬物的能力。这对于练习者完成日常生活和工作中的各种任务，如搬运重物、举重等都非常有帮助。此外，这项练习也是投篮、挥拍、舞剑等运动动作的基础练习之一。通过这项练习，可以提高身体的协调性和平衡性，增强肌肉力量和对肌肉的控制能力。这不仅有助于提升运动表现和技能水平，还可以提高身体的稳定性和预防运动损伤的能力。

图 5-24　单臂过顶推举练习

（三）胸前交替前伸练习

准备姿势　两腿与肩同宽站立，保持身体的稳定。两手各抓握一个适当重量的哑铃，或者使用矿泉水瓶替代。肘关节屈曲 90 度，将哑铃置于身体两侧，目视前方。

动作要领　深呼吸并集中注意力，然后随着身体的转动发力，用力量驱动手臂从身体两侧向前伸出，该动作类似"出拳"，如图 5-25 所示。在手臂前伸的过程中，要确保前伸的手臂充分向前伸展，并保持两臂在同一水平面上运动。这样可以使肌肉得到更好的锻炼，同时也能提高动作的协调性和流畅性。

常见错误　在练习过程中，常见的错误是在手臂前伸时身体未转动，或未在水平面上做前伸动作。这可能是对动作要领的理解得不够深入或者肌肉力量不足导致的。为了改正这个问题，可以先进行徒手练习，重点体会身体转动带动手臂前伸"出拳"的感觉。掌握了正确的动作模式之后,再逐渐增加哑铃的重量进行练习。在完成整个动作的过程中,要注意保持手臂的稳定性,避免出现"忽高忽低"的情况。

动作益处 该动作能够有效地增强前锯肌和三角肌的力量。前锯肌位于胸部侧面的浅层,主要的作用是使肩胛骨向前移动,而三角肌则主要负责使肩关节外展。因此,反复练习该动作可以提升肩胛肌群的力量和动作的稳定性。此外,身体转动带动手臂前伸出拳的动作还能提升躯干与手臂的协调能力。这对于提升整体运动表现和预防运动损伤都有很大的帮助。

图 5-25 胸前交替前伸练习

（四）坐椅深蹲练习

准备姿势 选择一个稳固的椅子，坐在椅子的前端，确保大腿与小腿之间成90度角。两手放在大腿前面，保持腰背部挺直，目视前方。该姿势有助于确保身体处于正确的平衡状态，为接下来的动作做好准备。同时，保持自然呼吸，放松身体。

动作要领 首先，集中注意力，然后利用臀部发力，缓缓起身至直立位，如图5-26所示。在这个过程中，尽量保持身体的稳定和直立，避免腰部弯曲。一旦达到直立状态，缓慢下蹲，使臀部轻轻碰到椅子即可。然后，再次利用臀部的力量缓慢起身回到起始位置。在完成整个动作的过程中，保持动作的匀速，避免过快或突然的动作变化。

常见错误 一些人在起立时可能会让腰背部弯曲，或者起身、下蹲得太快。这可能是力量不足或平衡感不佳导致的。为了改正这些问题，可以先用双手支撑在大腿上进行练习。这样可以帮助练习者更好地找到臀部发力的感觉，并逐渐适应动作的节奏。随着动作的熟练，可以逐渐减少双手对大腿的支撑，直到能够顺利完成整个动作。此外，也可以尝试将双手放在胸前，这样会增加动作的平衡难度，进一步提升稳定性和协调性。

图5-26 坐椅深蹲练习

动作益处 该动作是一个安全且简单的深蹲练习入门动作。通过反复练习，可以有效地增强臀部和腿部肌群的力量和协调能力。这对于提升身体的稳定性和平衡性非常有帮助。此外，由于该动作涉及身体的多个关节和肌群，因此它还有助于提高身体的灵活性和协调性。对于老年人来说，这项练习可以帮助他们预防跌倒，提高身体的稳定性。同时，该动作也适合那些刚开始进行力量训练的人群，因为它是一种基础且安全的练习方式。

（五）僵尸跳练习

准备姿势 两腿与肩同宽站立，保持身体的稳定。双臂在胸前伸直，掌心相对，目视前方。该姿势为接下来的动作做好了准备，以确保身体的平衡和稳定。

动作要领 首先，深呼吸并集中注意力。然后，左腿向前伸出，成直腿姿势，右腿同时屈膝约120度。与此同时，右手从胸前向左下方摆动，左手从胸前向右上方摆动，完成双臂的交叉动作。接着，右腿向前伸出，左腿屈膝，同时交换双臂的位置，在胸前做交替交叉动作，如图5-27所示。在完成整个动作的过程中，尽量保持动作的连贯和协调，确保双臂、双腿的动作同步进行。

常见错误 在进行该项练习时，一些人可能会遇到手臂、腿部动作节奏不协调或动作不流畅的问题。这可能是对动作要领掌握得不够熟练或肌肉控制能力不足导致的。为了改正这些问题，初学者可以先进行慢速练习，仔细体会手臂与腿部的动作协调。随着动作的逐渐熟练，再逐步过渡到快速练习，提高动作的流畅性和协调性。

动作益处 该动作不仅能够帮助练习者提升上肢与下肢的协调能力，加强肌肉力量和稳定性，还是有氧练习的手段之一。通过加长单个动作的练习时间、加强练习强度等，可以有效地提升老年人的心肺功能。

这对于提高老年人的身体素质、预防跌倒和保持健康具有重要的意义。同时，该动作简单易学，适合老年人在家中或户外进行练习。在进行该项练习时，要注意保持姿势的正确性和动作的连贯性，避免过度运动造成肌肉拉伤或其他伤害。建议根据个人的身体状况和运动能力适当调整练习的强度和时间。

图 5-27　僵尸跳练习

注：对于下肢力量不足，或者有协调障碍的老年人，建议在练习时先降低难度，例如先进行手臂练习，再进行脚前伸触地练习，最后再把手臂、腿部的动作组合起来进行练习。

（六）两腿臀桥练习

　　准备姿势　仰卧在垫子上，身体保持放松。两脚分开与髋同宽，两腿屈膝，使膝盖与脚尖对齐。两手掌放置在身体两侧，掌心朝下。该姿势为接下来的动作做好了准备，以确保身体的稳定和平衡。

　　动作要领　从起始姿势开始，两脚掌着地，背部肌群发力，将臀部缓缓推至最高点。在这个过程中，要保持动作的稳定和缓慢，避免突然用力或过度使用爆发力。当臀部推至最高点时，两手撑地以保持平衡。确保肩部、躯干、大腿成一条直线，且大腿与小腿约成90度角，如图5-28所示。保持这个静态支撑的姿势，感受背部和臀部肌肉的紧绷感。在此过程中，要保持呼吸的平衡，避免做憋气动作。深呼吸有助于放松肌肉，使动作更加流畅和自然。

常见错误　在练习过程中，一些人可能会发现肩部、躯干、大腿并未完全成一条直线。这可能是双脚位置不当或臀部上抬时无法得到有效支撑导致的。为了改正这个问题，可以调整双脚的位置，确保它们能够稳定支撑体重。同时，要注意臀部上抬时的动作控制，避免动作过快或过猛。随着练习的深入，练习者会逐渐找到正确的动作感觉，并改善身体的姿态。

动作益处　随着年龄的增长，部分老年人可能会出现驼背的现象。这种姿态会导致背部肌肉松弛，如果不加强锻炼，很容易引发更为明显的驼背、圆肩、头前倾等体态问题。该动作能够有效地改善久坐导致的腰背部肌肉松弛，提升腰背部肌群的力量。通过反复练习，可以改善身体姿态，增强肌肉力量和稳定性。此外，该动作还有助于缓解腰部疼痛，提高老年人的生活质量。在进行该项练习时，要注意动作的正确性和稳定性，避免过度用力或过度疲劳。建议根据个人的身体状况和运动能力适当调整练习的强度和时间。

图 5-28　两腿臀桥练习

（七）跪姿动态支撑练习

准备姿势　首先，俯卧在地面上，身体保持一条直线。两膝着地，与肩同宽，两臂屈臂支撑地面。确保躯干形成一条直线，大臂与地面垂直。目视前下方，保持颈部自然伸直，头部与躯干保持一致。该姿势为接下来的动作做好了准备，以确保身体的稳定和平衡。

动作要领　如图 5-29 所示，依次伸直左臂、右臂，使两臂直臂支撑地面。保持该姿势 3—5 秒，感受腰背部和手臂肌肉的紧绷感。然后，再依次弯曲左臂、右臂，使身体恢复原位。在完成整个动作的过程中，要特别注意腰背部的姿态。保持腰背部直立，避免塌腰或臀部位置太高。通过控制腰背部的肌肉力量，使身体保持稳定和平衡。

常见错误　在进行该项练习时，一些人可能会出现躯干塌腰或臀部位置太高的问题。这可能是肌肉力量不足或动作控制不准确导致的。为了改正这些问题，可以特别注意在屈臂或伸臂过程中腰背部姿态的变化。避免身体向左右两侧做大幅度转动的代偿动作。随着练习的深入，练习者会逐渐掌握正确的动作要领，并提升躯干核心区的力量。

动作益处　该动作能够有效地提升躯干核心区的力量。躯干核心区是连接上肢和下肢的重要区域，对于维持身体的平衡和稳定至关重要。通过加强躯干核心区的力量，可以提升对躯干肌群的控制力，改善身体的姿势和平衡能力。这对于老年人来说尤为重要，因为随着年龄的增长，躯干肌群的力量逐渐减弱，容易出现姿势不稳和摔倒的风险。此外，该动作难度较低，与起床等日常动作相似，适合老年人进行练习。反复练习该动作，可以提高身体的稳定性、平衡性和协调性，从而提升日常生

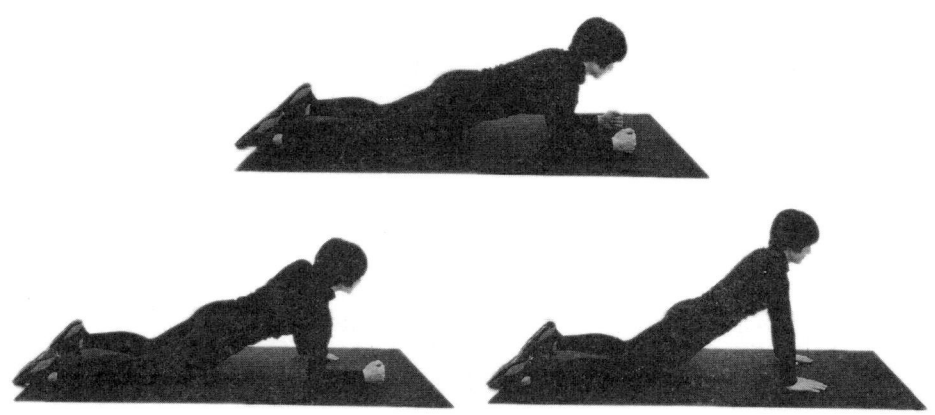

图 5-29　跪姿动态支撑练习

活的自理能力。在进行该项练习时，要注意动作的正确性和稳定性，避免过度用力或过度疲劳。建议根据个人的身体状况和运动能力适当调整练习的强度和时间。

（八）双足静态支撑练习

准备姿势 首先，身体呈俯撑姿势，两膝着地成跪姿；两臂直臂支撑地面，与肩膀宽度一致；躯干与大腿保持90度角，形成一个直角，保持颈部自然伸直，使头部与躯干在一条直线上。

动作要领 以右臂为例，右臂与左腿同时上抬，使右臂、躯干和左腿保持在同一水平面上，如图5-30所示。在这个过程中，要保持动作的稳定和平衡，避免身体左右晃动。达到水平面之后，保持静态支撑姿势，感受身体肌肉的紧绷感。然后，右臂和左腿缓缓下落，恢复起始姿势。接着，进行左右交替的动态支撑练习，使动作更加流畅和协调。

常见错误 在完成动作的过程中，一些人可能会出现手臂或腿部摆动幅度过大、身体左右晃动不稳定的问题。这可能是四肢的方位感不够准确或肌肉力量不足导致的。为了改正这些问题，可以采用分解练习的方法。首先，分别进行右臂上抬和下落的练习，感受手臂的方位感和力量控制。然后，进行左腿上抬和下落的练习，提升对腿部肌肉的控制能力。接下来，依次进行左臂和右腿的上抬－下落练习，进一步增强四肢的方位感。完成分解练习后，再进行对侧手腿的静态支撑练习，以提高身体的平衡性和稳定性。

动作益处 该动作能够有效地提升躯干对侧肌群的协调能力和背部肌群的力量。通过反复练习，可以提高身体的平衡性和稳定性，增强肌肉力量和控制能力。这对于老年人来说尤为重要，因为随着年龄的增长，肌肉力量逐渐减弱，容易出现姿势不稳和摔倒的风险。此外，该动作难度较大，但安全性较高，适合老年人进行练习。在进行该项练习时，要注意动作的正确性和稳定性，避免过度用力或过度疲劳。建议根据个人的身体状况和运动能力适当调整练习的强度和时间。

图 5-30　双足静态支撑练习

四、第四套练习方案

本套练习方案适合初学者。如表 5-5 所示，本套练习中，从上肢动作上看，前臂转动练习可以提升手掌与前臂的肌力，而抓握过顶推举练习、臂水平绕圈练习对于改善肩胛肌群的力量有较好的效果。从下肢动作上看，原地髋外展练习、独立深蹲练习、跪姿弓步练习等能够提升下肢肌力和协调性。从躯干动作上看，坐姿两腿提膝练习和仰卧脚触地练习能够增强腰腹部肌群的力量和控制力。

表 5-5　第四套练习动作简表

练习内容	安排形式	次数	组数	组间休息
前臂转动练习	循环训练法或重复训练法	8—20 次	2—3 组	30—90 秒
抓握过顶推举练习				
臂水平绕圈练习				
原地髋外展练习				
独立深蹲练习				
跪姿弓步练习				
坐姿两腿提膝练习				
仰卧脚触地练习				

（一）前臂转动练习

准备姿势 两腿与肩同宽站立，保持身体的稳定。两手紧紧抓握住哑铃，如果没有哑铃，完全可以使用装满水的矿泉水瓶作为替代。接下来，将肘关节前屈，直至形成90度的角度，此时掌心应该朝下。同时，目视前方，集中注意力，为接下来的动作做好准备。

动作要领 首先，两侧手臂应稍微向外展开，保持一定的距离。接着，手臂再次屈曲，同样形成90度的角度。然后，两前臂应同时向外进行180度的转动动作，直至掌心朝上，如图5-31所示。在这个位置上，需要保持1—2秒的时间，以充分感受肌肉的收缩。之后，再慢慢向内转动手臂，使其恢复至起始位置。在完成整个动作的过程中，要特别注意动作的缓慢和匀速，避免突然用力或速度过快。

常见错误 在练习该动作时，常见的错误有两种。第一种是在转动过程中肘关节紧贴在身体两侧，这样会限制手臂的转动范围，影响锻炼效果。第二种是大臂没有保持相对静止，随着前臂的转动而移动，这样也会降低锻炼效果。这些错误往往是初学者上肢力量不足所导致的。为了纠正这些错误并降低动作难度，可以尝试减小手臂的负重，让练习者更容易掌握正确的动作要领。

图 5-31 前臂转动练习

动作益处　该动作主要针对前臂肌群进行锻炼，通过反复的转动动作强化这些肌肉的力量。对于经常参与羽毛球、游泳等将上肢作为主要发力部位的运动项目的人来说，增强肩关节的稳定性不仅能够提升运动表现，还能够起到积极有效的预防运动损伤的作用。因此该动作不仅对于健身爱好者有益，也适合那些希望提高运动表现和预防运动损伤的人练习。

（二）抓握过顶推举练习

准备姿势　两腿与肩同宽站立，保持身体的稳定。两手抓握住哑铃的一端，使其呈竖直状态，如果没有哑铃，可以使用矿泉水瓶作为替代。两臂向外展开，大臂与地面保持平行，同时手掌要紧握哑铃，用力保持其相对静止，防止哑铃在动作开始前就发生晃动。此时，注意力要集中，全身肌肉保持适度紧张，为接下来的动作做好准备。

动作要领　当准备好起始姿势后，接下来的关键就是肩部的发力。通过肩部的力量，将哑铃向上举起，如图 5-32 所示。在举起的过程中，要控制好速度和力度，避免过快或过猛。当哑铃举至最高点时，需要保持 1—2 秒的时间，感受肌肉的收缩。然后，再缓缓将哑铃恢复至原位。在整个上举和下放的过程中，都要特别注意保持哑铃的平衡状态，防止其前倾或后仰而掉落。

常见错误　在做该动作时，一个常见的错误是上举时哑铃未保持稳定。这可能是肩部力量不足或控制力不够所导致的。老年人或肩关节活动度受限的初学者可以先从手持矿泉水瓶的练习开始，逐步体会手臂与躯干成一条直线的感觉。随着练习的深入和力量的增强，再逐渐加大手臂的负重，这样可以有效降低因力量不足而导致的动作失误风险。

动作益处　该动作主要针对腕部、手掌和肩部肌群进行锻炼。通过反复上举的动作，可以强化这些部位的力量和耐力。同时，由于在做动作时需要保持身体的稳定和哑铃的平衡，因此这个动作也能够在一定程度上提高肩胛肌群的稳定性。对于需要增强上肢力量和稳定性的人来说，该动作具有非常好的锻炼效果。长期坚持练习，不仅可以提升身体素质，还能预防日常生活中因力量不足而导致的意外伤害。

图 5-32　抓握过顶推举练习

注：如果老年人的手掌力量较弱，可以通过抓握哑铃的把手处以降低难度。通常来说，老年人可以先进行抓握把手的练习，再慢慢过渡到抓握哑铃一端的练习。

（三）臂水平绕圈练习

准备姿势　两腿与肩同宽站立，保持身体的稳定。两手紧紧抓握住适当重量的哑铃，若没有哑铃，可以使用矿泉水瓶作为替代。两臂向身体两侧外展 90 度，形成一个"T"字形。同时，目视前方，保持头部和身体的直线对齐，为接下来的动作做好充分的准备。

动作要领　当身体处于准备姿势后，开始动作时要以肩部为发力点。肘关节保持微屈状态，不要完全伸直或过度弯曲。接下来，左、右臂以手臂为中心，先向顺时针方向绕圈一周，如图 5-33 所示。在这个过程中，要确保手臂的运动轨迹形成一个完整的圆，不要偏高或偏低。完成顺时针绕圈后，再逆时针绕圈一周。在整个绕圈的过程中，动作应缓慢且匀速，避免突然加速或减速。

常见错误 在绕圈的过程中，手臂的高度和轨迹是关键。常见的错误是手臂绕得过高或过低，没有形成完整的圆圈。这可能是肩部肌群的控制力不足所导致的。初学者可以先从单臂练习开始，逐步掌握动作要领，提高对肌肉的控制能力。此外，减小哑铃的重量也是一个有效的练习方法，可以帮助初学者更好地掌握动作轨迹和速度。随着熟练度的提高，再逐步过渡到两臂同时练习并增加哑铃的重量。

动作益处 该动作能够全方位地增强肩胛肌群的力量。通过绕圈运动，可以有效地锻炼到肩部的前束、中束和后束肌肉以及肩袖肌群等关键部位。同时，提升肩关节的稳定性对于预防肩部损伤和促进上肢功能至关重要。

图 5-33　臂水平绕圈练习

（四）原地髋外展练习

准备姿势 两腿与肩同宽站立，保持身体的稳定。然后，可以用一只手扶住墙壁或椅子，以此作为单腿的支撑。另一侧的腿部动作则需要将膝盖完全伸直，同时腹部收紧，保持身体的直立状态。目视前方，确保身体平衡。

动作要领 在练习过程中，非支撑腿需要在前方、侧面和后方三个方位各保持2秒，形成一个完整的"画圈"动作，如图5-34所示。这个"画圈"动作代表一圈,每完成一圈需要3秒。在完成整个动作的过程中,要尽量保持腿部伸直,脚尖绷直。该动作可以帮助练习者提升臀部肌群的力量。

常见错误　在练习过程中,有些人可能会出现腿部在不同方位停留时间不足的问题,或者腿部没有完全伸直。这些问题可能是臀大肌和腿部力量不足造成的。为了解决这些问题,建议在练习之前先进行一些改善腿部伸直状态和增强力量的训练。此外,当腿部做出"画圈"动作时,上半身应保持直立状态,不要跟随腿部动作而摇晃或倾斜。

动作益处　该动作对于提升臀部肌群的力量非常有帮助。臀部肌群是行走、慢跑和侧向支撑等日常动作的关键部分。通过这项练习,可以增强臀部肌群的稳定性和力量,提高身体的平衡性和协调性。这对于预防跌倒及其他与平衡相关的问题也有积极的作用。

图 5-34　原地髋外展练习

（五）独立深蹲练习

准备姿势　两腿与肩同宽站立,保持身体的稳定。手臂应自然下垂,贴近身体两侧,避免任何紧绷或不必要的肌肉用力。同时,两眼要目视前方,保持头部和颈部的自然姿势,这有助于放松和维持身体的整体平衡,为接下来的动作做好准备。

动作要领 在开始练习之前，先调整呼吸，这有助于放松身体并集中注意力。下蹲时，要想象自己坐在一把椅子上，臀部主动向后坐，而不是简单地弯曲膝盖，如图5-35所示。在整个下蹲的过程中，腰背部必须始终保持挺直，这是能防止受伤并提高锻炼效果的关键。同时，收紧腹部肌肉，这有助于稳定脊柱并支撑腰部。下蹲至大腿与地面平行时，应停顿1—2秒，感受肌肉的收缩和身体的平衡状态。然后，呼气并用臀部发力站起来，还原至起始的站立姿势。站起时要避免使用腰部或膝关节的力量，专注于臀部的收缩和伸展。

常见错误 在下蹲的过程中，一个常见的错误是膝关节超过脚尖，这会增加膝关节的压力和受伤的风险。另一个错误是腰背部未挺直，这会影响锻炼效果并可能导致腰部疼痛。为了避免这些错误，建议初学者首先学习坐椅深蹲练习，通过模拟坐在椅子上的动作来培养正确的下蹲感觉。在进行本项练习时，要特别注意控制身体的过度前倾状态，保持重心在脚掌中部而不是脚尖。如果发现自己难以保持平衡或无法控制动作，可以适当减小下蹲的深度或寻求专业教练的指导。

动作益处 该动作主要增强臀大肌的力量和耐力。臀大肌是臀部最大的肌肉，对于维持身体姿势、行走、跑步和跳跃等动作至关重要。通过深蹲练习，可以激活并强化这块肌肉，从而提升髋关节、膝关节、踝关节的联动功能和稳定性。此外，下肢力量是预防跌倒的关键因素之一。随着年龄的增长或生活方式的改变（如久坐不动等），下肢肌肉会逐渐萎缩和弱化，跌倒的风险也会逐渐增加。通过定期进行深蹲等下肢力量训练，可以有效地提高平衡能力、协调性和反应速度，减小跌倒的可能性。同时，下肢力量也是进行其他体育活动（如爬山、游泳、骑自行车等）的基础能力之一。通过增强下肢力量，可以提高运动表现、减少疲劳感并减小运动损伤的风险。

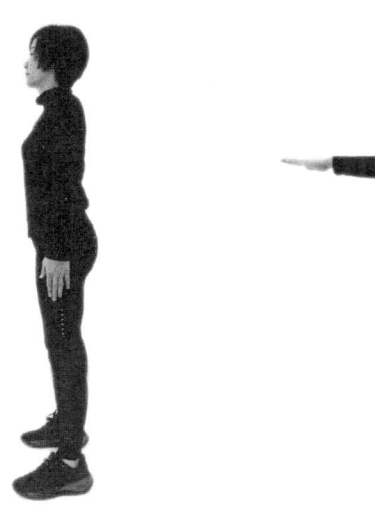

图 5-35 独立深蹲练习

注：老年人可以在前方放置一张椅子作为辅助用具。当下蹲时，可以双手扶椅，助力深蹲和起立动作。

（六）跪姿弓步练习

准备姿势 两膝稳定地跪在地面上，确保大腿与地面形成垂直的角度。两臂向两侧伸直并与肩平齐，掌心朝下以维持稳定。整个躯干要保持直立状态，不要前倾或后仰，同时两眼目视前方，集中注意力并保持平衡。

动作要领 在进行动作时，一条腿作为支撑点保持不动，而另一条腿则向前伸出，形成弓步姿势，如图 5-36 所示。在伸腿的过程中，要特别注意保持身体的相对平衡状态，避免因为重心不稳而摇晃。当前伸腿到达弓步位置时，应停顿 1—2 秒，感受肌肉的收缩与伸展。然后，再缓慢地将前伸腿收回，恢复到起始的跪姿状态。

常见错误 在练习该动作时，常见的错误包括前伸腿时大腿未与地面平行、小腿未与地面垂直以及身体左右晃动无法保持稳定支撑状态等。这些错误可能是力量不足、柔韧性差或平衡感不佳等原因造成的。为了纠正这些错误并提高练习效果，建议初学者在进行该项练习时采用一定的辅助手段。例如，可以先手扶固定物体以保持平衡，逐渐体会前伸腿作为支撑的感觉。随着熟练度的提高，再逐渐减少对辅助手段的依赖并增加动作难度。

动作益处 该动作主要增强髋关节的屈伸力量，即大腿前后移动时所需的力量。同时由于在练习过程中需要不断地调整身体重心以保持平衡，因此也能有效提升身体的平衡能力。与扶椅弓步蹲练习相比，该动作的难度更高，因为它要求练习者在没有外部支撑的情况下独立完成弓步动作并保持身体稳定。持续练习该动作，不仅可以增强下肢力量，还能改善身体姿态并提高运动表现。

图 5-36 跪姿弓步练习

注：练习者可以在左侧或右侧放置一张椅子作为辅助用具。前伸腿时，可以单手扶椅进行支撑，辅助完成动作。

（七）坐姿两腿提膝练习

准备姿势 仰卧在垫子上，两条腿伸直并拢，两只手自然地放在体侧，腰背部伸直。然后，两条腿上抬并保持悬空状态，这是此动作的一个关键要点，需要练习者保持一定的平衡和控制力。

动作要领 在两条腿悬空的基础上，开始进行屈髋动作。如图 5-37 所示，两条腿同时弯曲，使膝盖尽量往身体方向靠拢，这样可以充分锻炼到目标肌肉群。在膝盖靠拢的过程中，要注意保持腰背部伸直，不要因为用力过猛而导致身体失去平衡。当膝盖达到最大靠拢位置时,稍作停顿,然后两条腿慢慢恢复至原位。在完成整个动作的过程中,呼吸的配合也非常重要。吸气时抬腿,为动作提供足够的氧气和动力;呼气时还原,帮助身体放松并准备进行下一次动作。同时,要尽可能使两条腿保持悬空的状态,这样可以增加难度并提升锻炼效果。

常见错误　在进行该项练习时,容易犯的错误之一是大腿抬起时塌腰弓背。这通常是腰背部力量不足或动作不熟练导致的。为了避免这个错误,可以在抬腿前深吸一口气,并收紧腹部肌肉,保持腰背部的稳定。另一个错误是收腿时身体没有成后倾姿势,这可能是收腿幅度过大或速度过快导致的。为了纠正这个错误,可以适当减少收腿的幅度并控制速度,使身体有足够的时间去适应并保持平衡。初学者可以先从较小的收腿幅度开始练习,随着动作的熟练和力量的增强,再逐渐增加幅度和难度。

动作益处　该动作主要针对髂腰肌和腹部肌群进行锻炼。通过反复的屈髋和抬腿动作,可以有效地提升这些肌群的力量和耐力。同时在进行练习时,需要保持身体的稳定和平衡,这也在一定程度上锻炼了练习者对躯干肌群的控制力。长期坚持练习,不仅可以改善体态,提升身体素质,还能预防日常生活中因力量不足而导致的意外伤害。

图 5-37　坐姿两腿提膝练习

注：建议初学者在两腿伸直后,根据个人情况将脚后跟触地　停留3—5秒,或者是将背部轻轻倚靠在墙壁上,降低动作难度。

(八)仰卧脚触地练习

准备姿势 首先,仰卧在垫子上,确保垫子平稳且舒适。接下来,调整双脚的位置,使双脚分开并与髋部同宽,这样可以确保身体的稳定性。然后,一条腿屈膝使脚着地,为动作提供一个支撑点,另一条腿屈膝上抬,使大腿与地面形成一定的角度。同时,手掌自然地放置在身体两侧,掌心朝下,这样可以让手部放松。最后,目视上方,这样有助于保持头部的稳定并集中注意力。

动作要领 当练习时需用腰腹部发力,这意味着在完成动作的过程中,要利用腰腹部的肌肉力量来驱动双腿的交替运动。双腿应交替屈髋,做脚点地动作,即一条腿屈膝上抬时,另一条腿则屈膝并点地,如图5-38所示。在完成整个动作的过程中,应保持缓慢匀速的节奏,这样既可以确保动作的准确性,又可以避免因速度过快而导致的伤害。同时,要注意调节呼吸,深呼吸可以将足够的氧气输送到肌肉中,帮助练习者减少疲劳感,而呼气则有助于排出体内的二氧化碳。重要的是要避免憋气,因为憋气可能会导致血压上升和肌肉紧张。

常见错误 在屈髋时大腿未与地面垂直是一个常见的错误,这通常是屈髋幅度过小导致的。为了纠正这个错误,练习者可以在屈髋时将大腿向腹部拉近并确保大腿与地面垂直。另一个错误是在完成动作的过程中身体左右转动,未处于相对稳定的状态,这可能是腰腹部力量不足或注意力不集中导致的。为了避免这个错误,可以在进行练习时集中注意力并保持上身姿势相对稳定,即使脚点地也不要让上身随之摆动。

动作益处 该动作主要强化腰腹部肌群的力量。通过反复的屈髋和脚点地动作,可以有效地锻炼这些肌群,从而提升肌肉力量和耐力。此外,该动作需要躯干与下肢的协调配合,能提升这两个部分之间的协调能力。这种协调能力常用于日常生活中的各种动作,如走路、跑步和跳跃等。

图 5-38　仰卧脚触地练习

第三节　进阶练习方案

一、第一套练习方案

本套练习方案适合身体素质较好且经常参与锻炼的老年人。如表 5-6 所示，本套练习中，从上肢动作上看，主要采用平举和推举动作提升肩胛肌群的力量。从下肢动作上看，哑铃深蹲练习对于腿部肌肉有较好的刺激作用，而前后移步练习和站姿同侧肘碰膝练习均能有效提升下肢的协调性。从躯干动作上看，仰卧单腿抱膝练习的难度较高，具有一定的挑战性，是发展核心力量的有效动作。

表 5-6　第一套练习动作简表

练习内容	安排形式	次数	组数	组间休息
前平举练习	循环训练法或重复训练法	8—20 次	3—5 组	30—90 秒
两臂过顶推举练习				
交叉过顶推举练习				
哑铃深蹲练习				
前后移步练习				
站姿同侧肘碰膝练习				
仰卧单腿抱膝练习				

（一）前平举练习

准备姿势 两腿与肩同宽站立，保持身体的稳定，将哑铃抓握在手中。练习者应选择适当重量的哑铃，对于初学者来说，如果不方便使用哑铃，可以选择矿泉水瓶作为替代，这样既能保证动作的顺利执行，又能降低受伤的风险。两臂自然下垂时，注意掌心要朝向后方，这个细节能够帮助练习者更好地启动肩前部的肌肉。同时，目视前方有助于集中注意力，保持头部和颈部的自然姿势。

动作要领 在做两臂前平举的动作时，要确保手臂与躯干之间形成90度的夹角。这个角度能有效地激活肩前部肌群，同时避免不必要的肌肉代偿。如图5-39所示，当手臂到达指定位置后，需要保持3—5秒。这个过程不仅能够增加对肌肉的刺激，还能帮助练习者提高身体的稳定性。在恢复原位的过程中，要控制速度，缓慢进行，这样可以更好地感受肌肉的收缩与伸展。在整个过程中，肘关节应保持微屈状态，不要完全伸直或过度弯曲，这样可以防止关节受伤。同时，身体要尽量保持稳定，不要随着手臂的移动而晃动。

常见错误 常见的错误包括身体前倾和肘关节弯曲过度。身体前倾通常是肩前部力量不足导致的。为了纠正这个错误，可以加强对肩前部肌群的训练，并在执行动作的过程中收紧腰腹部肌群，这样能帮助练习者维持身体的稳定。肘关节弯曲过度可能是对动作要领的理解不准确或力量不足造成的。为了避免这个错误，可以在执行动作的过程中时刻注意肘关节的角度，并确保其处于微曲状态。

动作益处 前平举作为日常生活中常见的动作模式之一，其实用性和功能性不言而喻。通过定期练习该动作，不仅能够提升肩前部肌群的力量和耐力，还能增强躯干核心区肌群的稳定性，从而提高练习者整体的运动表现和生活质量。

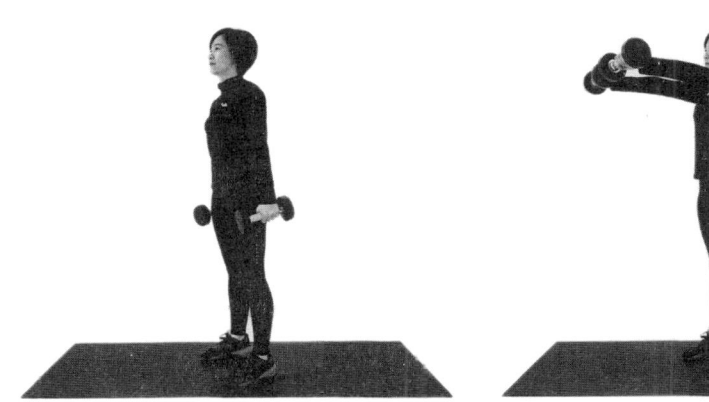

图 5-39　前平举练习

（二）两臂过顶推举练习

准备姿势　两腿与肩同宽站立，保持身体的稳定。两手抓握哑铃，哑铃的重量应适中，初学者可以使用矿泉水瓶作为替代。肘关节屈曲 90 度，将哑铃置于肩部的位置，这样可以更好地激活肩部三角肌群。同时，目视前方，保持头部和颈部的自然姿势，这有助于集中注意力并保持良好的体态。

动作要领　在练习推举动作时，应主要依靠肩部三角肌群的力量来推动哑铃。两臂同时向上推举哑铃，动作应平稳且连续，如图 5-40 所示。当哑铃被推举至最高点时，保持 1—2 秒的停顿，这样可以增强对肌肉的刺激效果。然后，缓缓将哑铃恢复至起始位置。除了同时推举两个哑铃外，还可以采用左、右臂交替进行推举的练习方式。在完成整个动作的过程中，身体必须始终保持直立状态，这样可以避免不必要的肌肉代偿和受伤风险。

常见错误　在推举过程中，手臂过于前倾是一个常见的错误。这样会导致力量分散，对肩部三角肌群的刺激也更小。为了纠正这个错误，可以将手臂沿着一条直线向正上方推举，避免过度前倾。另外，身体在推举过程中向左侧或右侧倾斜也是一个需要注意的问题。为了保持身体的稳定，可以加强对核心肌群的训练，提高身体的平衡能力。对于初学者来说，在进行该项练习之前，建议先徒手进行直线上举的练习，以熟悉动作轨迹和发力方式。然后再逐渐增加负重，以增强训练效果。

动作益处　两臂推举动作相较于单臂过顶推举动作而言，对于肩部三角肌群和躯干核心肌群的刺激更为强烈。这是因为两臂同时推举需要更多的肌肉协同工作，从而增加了负荷并增强了训练效果。此外，该动作还能够增强肩胛肌群的力量和稳定性，对于维持肩关节的正常功能和姿势至关重要。通过定期练习两臂推举动作，不仅可以提升肩关节的运动功能和灵活性，还有助于预防肩部损伤，提高上肢运动表现。

图 5-40　两臂过顶推举练习

（三）交叉过顶推举练习

准备姿势　两腿与肩同宽站立，保持身体的稳定。两手抓握哑铃，哑铃的重量应适宜，不宜过重也不宜过轻。对于初学者而言，如果不方便使用哑铃，可以选择矿泉水瓶作为替代。在抓握哑铃时，要确保肘关节屈曲，将哑铃稳稳地置于肩部位置。同时，两眼目视前方，保持头部和身体呈一条直线，这有助于集中注意力并维持良好的体态。

动作要领 当进行左侧手臂推举时，应特别注意右腿的支撑作用。右腿要承受大部分体重，以保持身体的稳定。如图 5-41 所示，在推举过程中，手臂应朝对侧斜上方推举，这样可以更有效地激活肩部肌肉。完成推举动作后，手臂要缓慢恢复原位，为下一次推举做好准备。左右臂应交替进行推举练习，以保持肌肉的均衡发展。

常见错误 在进行交叉推举练习时，常见的错误之一是身体侧倾或侧转不足。这通常是躯干肌群未收紧导致的。为了纠正这一错误，初学者在进行练习时应特别注意遵循以身体的转动带动手臂推举的原则。在

图 5-41 交叉过顶推举练习

推举过程中要注意身体转动与手臂推举的动作协调性,确保两者能够同步进行。当推举至最高点时应特别注意控制手臂的位置,避免哑铃过重导致弓背等代偿动作的出现。这些代偿动作不仅会影响训练效果,还可能增加受伤的风险。

动作益处 该动作不仅能够显著增强肩部的力量和稳定性,还能够有效增强躯干向左、向右旋转的核心力量。这种旋转力量的增强对于提高身体的协调性和平衡性非常有帮助,尤其是在进行需要身体旋转的运动(如高尔夫球、网球等)时。定期练习该动作,可以提升躯干核心区肌群的力量,从而提高身体整体的运动功能。

(四)哑铃深蹲练习

准备姿势 两腿与肩同宽站立,保持身体的稳定。手臂自然下垂,手握哑铃。初学者或老年人可以选择矿泉水瓶或较轻重量的哑铃替代。

动作要领 在做下蹲动作时,臀部向后坐是关键,这样的动作轨迹可以更有效地激活下肢肌肉。如图5-42所示,在整个下蹲的过程中,腰背部始终要保持挺直,收紧腹部肌肉,这有助于保护腰椎并维持身体的稳定性。下蹲至大腿与地面平行时,感觉就像坐在椅子上一样,这样的深度可以充分锻炼到下肢肌肉。在到达最低点后,停顿1—2秒,呼气并准备站起来。站起时,主要依靠臀部的力量发力,同时大腿肌肉和小腿肌肉协同工作,将身体还原至起始状态。

常见错误 在下蹲的过程中,膝关节超过脚尖是一种常见的错误姿势。这种姿势会增加膝关节的压力和损伤风险。为了避免这个错误,可以在下蹲时想象脚后跟向下踩的感觉,并保持膝关节不超过脚尖。另外,腰背部未挺直也是常见的错误之一。腰背部弯曲会导致腰椎受力不均,从而增加受伤的风险。因此,在进行该项练习时要始终保持腰背部挺直,并注意控制下蹲的深度和速度。此外,对于老年人来说,在选择哑铃的重量时，要根据个人能力进行适当调整，避免动作变形或受伤。

动作益处 该动作主要增强大腿、小腿和臀部等部位的肌肉力量，通过反复的下蹲和站起动作，使肌肉得到了充分的刺激。此外，该动作还能够强化髋关节、膝关节、踝关节的联动功能，增强关节的稳定性和灵活性，这对于日常生活中的走路、跑步、跳跃等动作具有重要的意义。长期坚持进行该项练习，不仅可以提升下肢的运动表现，还能够预防关节疾病和骨质疏松症等老年人常见的问题。

图 5-42 哑铃深蹲练习

注：为了避免下蹲时过度前倾或后倾可能导致的身体重心不稳，建议老年人在进行该项练习时在臀部下方放置一个小板凳。在进行该项练习时，应避免憋气。

（五）前后移步练习

准备姿势 两腿与肩同宽站立，保持身体的稳定。同时，要注意将身体的重心均匀地分布在两腿之间，避免重心偏移导致动作不稳。头部保持正直，目视前方，这有助于集中注意力并保持身体平衡。

动作要领 在准备姿势的基础上，两腿膝盖微微弯曲，形成前后分腿的姿势。前腿的膝盖不超过脚尖，后腿则保持自然伸展，如图 5-43 所示。然后，两腿开始连续交替进行前、后交叉移步练习。在移步的过程中，要保持步伐的连贯性和稳定性，避免出现摇晃或停顿的情况。同时，要注意控制呼吸节奏，保持呼吸与动作的协调配合。

常见错误　在进行前后交叉移步练习时，常见的错误包括手臂未同时交替摆动和两腿移步幅度不均。手臂的摆动对于保持身体平衡和增加动作难度都非常重要，因此在进行移步练习时要特别注意手臂的协调摆动。另外，两腿移步幅度不均会影响动作的连贯性和稳定性，甚至可能导致摔倒等意外情况的发生。为了避免这些错误的发生，初学者可以先从简单的步伐开始练习，逐渐掌握动作要领后再增加难度和幅度。部分下肢力量受限的老年人可能在进行小幅度的跳跃时感到困难。因此，建议这部分人群在进行移步练习时，可以采用原地踏步或小幅度的前后移动来代替跳跃动作，以降低动作难度和受伤风险。

动作益处　此动作能够显著增强上肢和下肢的协调能力以及下肢的力量和耐力。通过连续的前后交叉移步练习可以锻炼到大腿、小腿和臀部等多个部位的肌肉群，增强下肢的整体力量和稳定性。此外，该项练习还有助于提升身体的平衡感和灵活性，这对于预防跌倒等意外情况的发生也具有一定的帮助。对于下肢肌群力量不足的老年人来说，该项练习可以帮助他们提升日常行走或慢跑的能力。

图 5-43　前后移步练习

（六）站姿同侧肘碰膝练习

准备姿势 两腿与肩同宽站立，保持身体的稳定。同时，要确保身体的重心均匀地分布在两腿之间，这样可以防止在练习时重心不稳。两手自然地放在头后，目光平视前方，集中注意力并保持良好的体态。

动作要领 在练习此动作时，首先要将左侧的膝关节向外侧抬起，同时左肘部要尽量靠近左膝。在这一过程中，需要确保动作流畅且协调，左膝与左肘的相互靠近是动作的关键。完成这一侧的动作后，要缓慢而稳定地恢复原位，紧接着再进行右侧膝关节的上抬动作。右膝上抬时，同样要将膝关节朝向外侧，并尽量抬高，同时右肘部靠近右膝，如图5-44所示。在完成整个动作的过程中，可以适当增加速度以强化腰腹部两侧肌肉群的力量训练效果。但要注意，速度的增加应在保证动作准确性的前提下进行。

常见错误 在执行提膝碰肘动作时，练习者容易犯的一个错误是身体重心不稳。这可能是在提膝过程中没有保持好身体的平衡所导致的。为了避免这一错误，建议在提膝时尽量控制好身体的稳定性，可以通过收紧核心肌群来帮助身体维持平衡。另一个常见的错误是弓背塌腰，这会导致动作不到位且可能引发运动损伤。因此，在练习该动作时，要特别注意保持腰背部挺直，并收紧腹部肌肉以维持身体的稳定。同时，该动作需要练习者特别注意提膝碰肘时的协调配合问题，要在保持身体重心的前提下完成动作，以确保动作的有效性和安全性。

动作益处 此动作主要针对腹部的内、外斜肌以及髂腰肌进行锻炼。反复练习提膝碰肘的动作可以刺激到腹内斜肌、腹外斜肌以及深层的髂腰肌并使其得到充分的锻炼和强化。这些肌肉在维持身体的稳定性和平衡性方面起着至关重要的作用。此外，该动作还能够增强上肢与下肢之间的协调能力，对于提升日常生活中的动作效率和运动表现也具有一定的帮助。

图 5-44 站姿同侧肘碰膝练习

注:该项练习对于部分老年人而言难度较大,建议控制侧抬腿的高度,逐渐增大难度。此外,建议练习时在前方放置一张椅子作为安全辅助。

(七)仰卧单腿抱膝练习

准备姿势 仰卧在垫子上,确保身体完全放松并舒适地伸展开。两腿应伸直并紧贴在一起,双脚并拢。两臂自然放置在身体两侧,手掌轻轻触地以保持平衡。头部也应轻轻触地,与垫子保持接触。同时,保持自然的呼吸节奏,集中注意力。

动作要领 在进行练习时,首先要注意的是两腿的伸直和上抬。两腿应同时上抬约 30 度,保持这个角度才能有效地锻炼到目标肌肉群。同时,头部也应微微抬起,目光前视或略微向上,这有助于保持颈部的自然姿势。接下来，腰腹部要发力，这是完成后续动作的关键。通过收缩腰腹部肌肉，将左腿屈曲并向胸前靠拢。在此过程中，两手应迅速而准确地抱住左膝关节并保持1—2秒以感受肌肉的收缩。然后，缓慢恢复原位，并换右腿进行同样的动作，如图5-45所示。在完成整个动作的过程中，要特别注意保持缓慢匀速的节奏，避免过快或过慢导致动作变形或效果不佳。

常见错误　在进行该项练习时，一个常见的错误是身体向左侧或右侧转动。这可能是腰腹部肌肉力量不足或动作不熟练导致的代偿动作。为了避免这个错误，建议在进行练习时始终保持身体的稳定，通过收紧核心肌群来保持平衡。此外对于初学者来说，该动作可能具有一定的难度，因此他们可能会倾向于通过向左侧或右侧转体来代偿完成抱膝动作。然而这样的代偿动作会降低锻炼效果，并可能增加受伤的风险。因此，建议初学者在完成一个完整的动作后两腿触地休息3—5秒，以便给肌肉充分的恢复时间，同时也有助于提升动作的准确性和效果。

动作益处　该动作虽然具有一定的难度，但其益处也是显而易见的。首先，它能够有效地强化包括腹肌、背肌以及腰部等躯干核心区的肌群。这些肌群对于维持身体的稳定性和平衡性至关重要。此外，在完成动作的过程中需要两腿和两臂的密切配合，这有助于提高身体的协调性和平衡感。

图5-45　仰卧单腿抱膝练习

注：患有高血压的老年人在进行该项练习时，要保持呼吸节奏，避免在抱膝过程中憋气。

二、第二套练习方案

本套练习方案适合身体素质较好且经常参与锻炼的老年人。如表5-7所示,本套练习中,从上肢动作上看,"Y"形过顶推举练习、站姿斜线上拉练习、臂外展练习强化了上肢做斜线运动的能力。从下肢动作上看,开合跳练习能够有效地增强下肢的力量和协调性,而俯撑后抬腿练习是提高臀大肌力量的主要练习动作。从躯干动作上看,陆上游泳练习和仰卧手触踝练习分别强化了腰背部和腹部肌群的力量,旨在提高练习者的核心力量。

表5-7 第二套练习动作简表

练习内容	安排形式	次数	组数	组间休息
"Y"形过顶推举练习	循环训练法或重复训练法	8—20次	3—5组	30—90秒
站姿斜线上拉练习				
臂外展练习				
开合跳练习				
俯撑后抬腿练习				
陆上游泳练习				
仰卧手触踝练习				

(一)"Y"形过顶推举练习

准备姿势 两腿与肩同宽站立,保持身体的稳定。两手抓握哑铃,哑铃的重量应适中,初学者可以使用矿泉水瓶作为替代。肘关节屈曲90度,将哑铃置于肩部位置,这样可以更好地激活肩部三角肌群。同时,目视前方,保持头部和颈部的自然姿势,保持良好的体态。

动作要领 肘关节屈曲,将哑铃置于肩部,确保掌心朝前。接下来,通过肩部发力,一侧臂朝斜上方约45度方向推举,如图5-46所示。该动作需要集中注意力,确保推举的过程中手臂伸直,并注意控制哑铃的重量和速度。推举到最高点后，再缓慢地恢复原位。在练习过程中，左右臂交替进行，确保每个手臂都能得到充分的锻炼。该动作能有效地锻炼肩部肌群的力量和控制力。

常见错误 在练习过程中，一些人可能会出现推举时身体侧倾或者躯干肌群未收紧的问题。这些问题可能是姿势不正确或者核心肌群力量不足所导致的。为了解决这些问题，可以在练习之前进行一些提升核心肌群力量的训练，如平板支撑、仰卧起坐等动作。同时，注意在推举的过程中保持身体的直立姿势，不要侧倾或摇晃。此外，手臂应向外侧方推举，避免手臂过度前倾或者后倾。为了保持身体的平衡和稳定，可以用一只手轻轻地扶住墙壁或椅子作为支撑。掌握动作要领后，练习者可以逐渐增加练习的难度。

动作益处 肩部肌群是上肢的重要支撑和力量传递部位。通过这项练习，可以增强肩部肌群的稳定性和力量，提高身体的平衡性和协调性。此外，该动作还可以帮助练习者预防一些常见的运动损伤和姿势问题，如肩颈疼痛、驼背等。使用正确的方法进行练习并逐渐增加难度，可以不断增强肩部肌群的力量和控制力，获得更好的运动表现。

图 5-46 "Y"形过顶推举练习

(二)站姿斜线上拉练习

准备姿势 两腿与肩同宽站立,保持身体的稳定。一只手轻轻置于腰部,另一只手抓握适当重量的哑铃或使用装满水的矿泉水瓶进行替代。

动作要领 通过肩部发力,手臂朝对侧斜上方拉起,如图5-47所示。该动作需要集中注意力,确保手臂伸直并控制拉起哑铃的速度。在拉起到最高点后,停顿1—2秒,感受肌肉的紧绷感。然后,缓慢地恢复至原位。在练习过程中,注意控制呼吸,吸气时拉起,呼气时恢复原位。

常见错误 在练习过程中,一些人可能会出现手臂向斜上方拉起时身体侧倾或前倾的问题。这些问题可能是姿势不正确或者核心肌群力量不足所导致的。为了解决这些问题,可以在开始练习该动作之前,先进行一些提升核心肌群力量的训练。同时,注意在拉起的过程中保持身体的直立姿势,不要侧倾或前倾。在斜线上拉的过程中,要以肩关节发力带动手臂上拉,避免屈肘。为了保持身体的平衡和稳定,可以用一只手轻轻地扶住墙壁或椅子作为支撑。

动作益处 该动作对于增强三角肌、前锯肌、背阔肌的力量和稳定性非常有帮助。三角肌是上肢的重要肌肉,对于维持肩关节的稳定性和力量传递具有重要的作用;前锯肌则与呼吸和肩胛骨的稳定性相关;背

图5-47 站姿斜线上拉练习

阔肌在身体姿势控制和日常活动中扮演着重要的角色。这项练习可以有效地锻炼这些肌群,增强肩关节的稳定性和力量,改善姿势和步态,提升身体的平衡性和协调性。

(三)臂外展练习

准备姿势 两腿与肩同宽站立,保持身体的稳定,目视前方。两手抓握适当重量的哑铃或使用装清水的矿泉水瓶替代,确保掌心朝下,手臂自然下垂,置于身体两侧。调整呼吸,放松全身,为接下来的动作做好准备。

动作要领 从准备姿势开始,肩部发力,带动肘关节微屈。接着,如图 5-48 所示,两臂向外向上做外展 180 度动作。在这个过程中要保持手臂伸直。当两臂外展至最高点时,停顿 1—2 秒,然后缓慢地恢复原位。注意控制呼吸节奏,吸气时做外展动作,呼气时恢复原位。确保动作的流畅和协调,同时保持身体的稳定和平衡。

常见错误 在练习过程中,一些人可能会出现外展时耸肩或者两臂不在冠状面运动的问题。这些问题可能是姿势不正确或者肩部肌肉力量不足所导致的。为了解决这些问题,可以在开始练习之前进行一些提升肩部肌肉力量的训练,如侧平举等动作。同时,注意在练习过程中保持身体的直立姿势,避免耸肩和手臂过度前倾。为了更好地体会两臂如何在冠状面进行直臂外展动作,初学者可以先进行徒手练习。逐渐适应后,再增加哑铃的重量。另外,在做外展动作的过程中要注意呼吸节奏,避免憋气。逐渐增加练习的难度和复杂度可以不断增强肩部肌肉的力量和稳定性。

动作益处 该动作能够全面地刺激肩胛肌群,使肩胛骨的活动限定在冠状面。这有利于提高肩胛骨在运动时的稳定性,加强上肢的运动功能。通过这项练习,可以有效地锻炼肩部肌群,提高肩关节的稳定性和力量,改善姿势和步态,提升身体的平衡性和协调性。

图 5-48 臂外展练习

（四）开合跳练习

准备姿势 身体下蹲，呈半蹲或微屈膝姿势，确保身体重心稳定并均匀地分布在两腿之间。两臂自然弯曲，手肘微微弯曲，将两手放在大腿前侧，目视前方，保持身体平衡。该姿势为跳跃动作做好了准备，同时也有助于调整呼吸和集中注意力。

动作要领 在准备姿势的基础上，双腿用力蹬地，使身体向上跳跃。与此同时，两臂从大腿前侧向上侧伸展，并在头顶上方完成交叉动作，如图 5-49 所示。该动作需要协调好四肢的动作，确保在跳跃时能够有效地发挥下肢和上肢的力量。跳跃至最高点后，再缓慢地恢复原位。老年人在进行该项练习时，应根据自己的下肢力量水平，合理把握下蹲时的深度和幅度，避免过度疲劳或受伤。

常见错误 在进行该项练习时，常见的问题是两腿间距过窄或过宽，这会导致动作不协调或稳定性不足。另外，手腿动作不协调也是常见的错误之一。为了解决这些问题，初学者可以先减小两腿之间的距离，以增加动作的稳定性。同时，通过反复练习并加强对手、腿协调能力的训练，逐渐过渡至标准动作。在练习过程中，注意观察身体的反应，及时调整动作和力度，确保安全有效地进行练习。

动作益处　这个跳跃动作能够增强下肢肌群的爆发力、纵跳能力和协调能力。对于老年人来说，具备一定程度的跳跃能力有助于应对日常生活中的突发情况，如突然出现障碍物或滑倒等。此外，该动作还能提高身体的平衡性和协调性，有助于预防跌倒等意外事故的发生。通过持续的练习，老年人可以逐步提高跳跃能力，并改善身体的灵活性和稳定性。

图 5-49　开合跳练习

注：该项练习对于部分老年人而言难度较大，建议控制跳跃时的高度和两脚之间的距离。练习者可以采用分解练习的方式，先进行腿部开合跳，再逐渐过渡至配合手臂动作一起跳跃。踝关节、膝关节有损伤史的老年人不建议进行该项练习。

（五）俯撑后抬腿练习

准备姿势　俯身，两膝着地成跪姿，两臂直臂支撑于地面，手臂与躯干成90度，躯干与大腿成90度，目视前下方。双膝与双脚并拢，全身收紧，保持身体的平衡和稳定。

动作要领　如图5-50所示，臀部肌群发力，将左腿上提至与臀部平行，小腿与大腿成90度。在练习过程中，要注意保持躯干的适度紧张，保持头部、腰部和背部呈直线状态，同时臀大肌收缩带动腿部上抬。当左腿抬至与臀部平行时，停留1—2秒。然后，缓慢地将左腿恢复至原位。

接着，右腿也执行相同的动作。左、右腿交替执行该动作，保持动作的节奏和流畅性。

常见错误　在练习动作的过程中，常见的问题是塌腰，这会导致动作不标准并降低运动效果。另外，大腿未抬至水平位置也是常见的错误之一。为了解决这些问题，初学者在进行该项练习时，要特别注意保持头部、腰部和背部成一条直线，避免塌腰。同时，要注意体会臀大肌收缩带动腿部上抬的感觉，确保大腿抬至水平位置。随着练习的深入，逐渐增加动作的难度和复杂度，提升臀部肌肉的力量和稳定性。

动作益处　该动作主要针对臀大肌进行力量训练，能够有效地提升臀部肌群的力量。臀大肌是人体重要的肌肉之一，对维持身体的姿势和平衡性有重要的作用。通过这项练习，可以改善身体的平衡性和稳定性，提升身体的协调性和灵活性。此外，在练习过程中对腿部姿态的控制同样能够提升老年人对下肢肌群的控制能力，预防跌倒等意外事故的发生。

图 5-50　俯撑后抬腿练习

（六）陆上游泳练习

准备姿势　俯卧在地面上，头部微抬，两臂向前伸直，手掌着地，两腿向后伸直，脚背贴地。保持身体呈平直状态，全身放松，自然呼吸。

动作要领　从准备姿势开始，慢慢抬起左臂和右腿，使它们与地面呈 45 度角，保持 1—2 秒。然后慢慢放下左臂和右腿，恢复至起始位置。接着，交替抬起右臂和左腿，如图 5-51 所示。在执行整个动作的过程中，要注意保持身体平直,不要让身体左右摇摆。同时,两手和两脚尖可以着地,以保持身体的稳定。此外,要特别注意手臂与腿部的协调配合,保证动作的流畅性和连贯性。

常见错误　在练习过程中,可能会出现膝盖弯曲或身体左右摇摆的问题。这些问题会导致动作不标准,影响练习效果。为了避免这些问题,初学者要特别注意保持躯干平衡稳定的状态,体会肩部、背部和臀部肌群的协同发力。同时,要注意调整呼吸,保持呼吸的节奏和深度,以便更好地控制身体的动作。

动作益处　这项练习通过反复的上下摆动作,能够有效地提升肩部、背部肌群和臀大肌的力量,使它们更加紧致有力。同时,这项练习还能够增强躯干的协调能力,提升身体的平衡性和稳定性。对于改善驼背等不良身体姿态也有一定的效果。长期坚持练习该动作,能够提升身体后部肌群的整体能力,塑造优美的身体线条。此外,该动作还可以增强身体的柔韧性和灵活性,提高身体的协调性和反应能力。

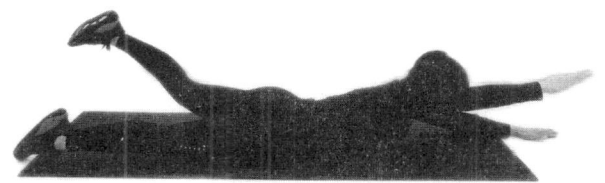

图 5-51　陆上游泳练习

(七)仰卧手触踝练习

准备姿势　仰卧在垫子上,为保持舒适可以在头部下方垫一个软垫。双膝弯曲,与肩同宽,两臂自然放置于身体两侧,手掌向下,指尖指向脚部。调整呼吸,放松全身,为接下来的动作做好准备。

动作要领　从准备姿势开始,两侧腰腹部发力,利用腹肌收缩的力量将肩部逐渐抬离地面,手臂可以轻触地面以保持平衡。同时,两腿可以略微抬起,与地面成一定的角度。接着,两手交替向脚踝方向伸展,分别触碰左右脚踝,如图 5-52 所示。在触碰脚踝的过程中,要注意保持腰腹部的持续发力,使身体保持稳定。每侧手触碰脚踝的次数可以根据个人情况而定,一般建议进行 8—12 次。在完成整个动作的过程中,要保持呼吸均匀,吸气时将身体抬起,呼气时还原至起始位置。

常见错误 在练习过程中,常见的问题是肩颈部未完全离开地面,导致动作不标准。这可能是腰腹部肌群力量不足或动作技巧不正确所导致的。为了解决这个问题,初学者可以尝试在练习过程中使肩部稍微离地,而后逐渐提高动作的难度和复杂度。同时,要注意调整呼吸,保持呼吸的节奏和深度,以便更好地控制身体的动作。

动作益处 该动作主要强化腰腹部肌群的力量和协调能力。腰腹部肌群是维持身体姿势和稳定性的重要肌群,这项练习可以提高肌肉的耐力和力量。同时,该动作还可以提高身体的平衡性和协调性,有助于预防跌倒等意外事故的发生。

图 5-52　仰卧手触踝练习

三、第三套练习方案

本套练习方案适合身体素质较好且经常参与锻炼的老年人。如表 5-8 所示,本套练习中,从上肢动作上看,水平外展练习、臂弯举练习、臂屈伸练习主要强化了手臂的屈伸能力。从下肢动作上看,设计的侧弓步练习能够增强单侧腿部力量,改善下肢的肌力平衡。从躯干动作上看,加入了屈膝侧桥支撑练习这一针对单侧核心力量的练习。从总体上看,本套练习难度较高,强度较大。

表 5-8　第三套练习动作简表

练习内容	安排形式	次数	组数	组间休息
水平外展练习	循环训练法或重复训练法	8—20 次	3—5 组	30—90 秒
臂弯举练习				
臂屈伸练习				
屈膝侧桥支撑练习				
侧弓步练习				
单腿臀桥练习				
仰卧手拍地练习				

（一）水平外展练习

准备姿势　两腿与肩同宽站立，保持身体的稳定。两手抓握适当重量的哑铃（或使用装满水的矿泉水瓶替代），并置于身体两侧，手掌相对，目视前方。选择适合自己的负重，确保练习的安全性和有效性。

动作要领　如图 5-53 所示，肩部发力，带动大臂向外展开，肘关节微屈，使两臂外展至 180 度。在达到最大外展角度后，保持 1—2 秒，感受肌肉的紧绷感。然后，缓慢地将手臂收回到起始位置。在执行整个动作的过程中，尽量保持匀速，避免急躁。通过重复练习，逐渐增加动作的流畅性和稳定性。

常见错误　手臂外展时容易出现耸肩动作，这会导致肩部肌肉紧张，影响练习效果。另外，在练习过程中身体前倾也会导致动作不标准。为了解决这些问题，初学者在进行该项练习时，要注意保持身体的直立姿势，避免手臂上提时带动躯干前倾。可以先使用较轻的负重进行练习，逐渐适应后再增加重量。同时，要注意放松肩部肌肉，保证动作的准确性。

动作益处　该动作能够同时增强三角肌、胸大肌、背阔肌、前锯肌等肌肉的力量。对于经常参加游泳、羽毛球等以上肢动作为主的运动的老年人来说，该动作有助于改善肩胛肌群的肌力平衡。练习该动作可以提升老年人在运动中的表现和稳定性，预防肩部肌肉拉伤等问题。同时，该动作还可以提高身体的协调性和平衡性，增强身体的稳定性。

图 5-53　水平外展练习

（二）臂弯举练习

准备姿势　两腿与肩同宽站立，保持身体的稳定。两手抓握适当重量的哑铃（或使用装满水的矿泉水瓶替代），手臂自然下垂，掌心朝前，目视前方。选择适合自己的负重，确保练习的安全性和有效性。

动作要领　以左侧手臂为例，将哑铃弯举至肩部。在达到最大弯举角度后，保持1—2秒，感受肌肉的紧绷感。然后，缓慢地将哑铃放回起始位置。完成左侧手臂的弯举后，再进行右侧手臂的弯举练习，左右臂交替进行，如图5-54所示。在执行整个动作的过程中，要保持躯干的平衡和稳定，腰背部收紧，避免因身体晃动而影响练习效果。通过重复练习，逐渐增加动作的难度和复杂度，如增加哑铃的重量或进行双臂弯举练习。

常见错误 在弯举过程中,身体容易前倾或出现明显的侧摆,这会导致动作不标准,影响练习效果。为了解决这个问题,要注意保持身体的直立姿势,特别是在手臂屈旋时避免身体前倾。同时,要注意保持肘关节的稳定,避免突然的关节锁定。初学者可以先使用较轻的负重进行练习,逐渐适应后再增加重量。另外,要注意呼吸的配合,在弯举时吸气,还原时呼气,以便更好地控制身体的动作。

动作益处 臂弯举动作是人体的基本运动之一,能够增强肱二头肌的力量,是常见的提升手臂力量的练习方法。通过练习臂弯举,可以强化肱二头肌、肱肌和旋前圆肌等肌肉群的力量和耐力。这有助于提高老年人在日常生活中的抓握能力和手部稳定性,预防手部肌肉萎缩等问题。同时,臂弯举动作还可以改善身体的协调性和平衡性,增强身体的稳定性。长期坚持练习臂弯举动作,可以塑造优美的手臂线条,提升身体的整体美感。此外,臂弯举还可以促进上肢血液循环,缓解肩颈部位的紧张和不适感。对于经常使用电脑或患有颈椎病的人来说,该动作具有很好的保健效果。

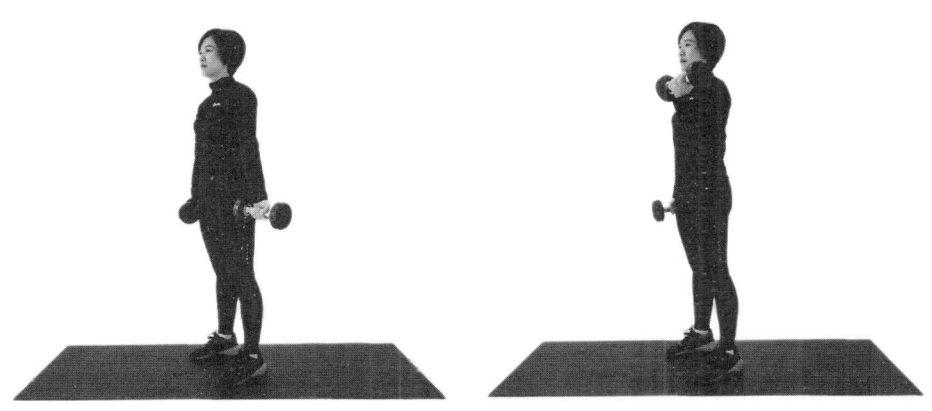

图 5-54 臂弯举练习

（三）臂屈伸练习

准备姿势 两腿与肩同宽站立，保持身体的稳定。两手合握适当重量的哑铃（或装满水的矿泉水瓶），手臂伸直，置于头顶正上方。调整呼吸，目视前方。

动作要领 如图 5-55 所示，保持上臂与地面垂直，肘关节弯曲，将哑铃缓慢向颈后下放。同时全程保持均匀流畅的呼吸。当哑铃到达前臂与地面平行的位置时，缓慢地伸展肘关节，将哑铃向上举起，直到手臂完全伸直。在这个过程中，腰背部要保持收紧，以提供稳定的支撑。动作要缓慢匀速，避免突然改变动作或用力过猛。通过重复练习，逐渐增加动作的难度和复杂度，如增加哑铃的重量或进行单臂练习。

常见错误 在练习过程中，容易出现肘关节伸展时身体未保持直立，或肘关节弯曲时动作过快的问题。这些问题会导致动作不标准，影响练习的效果。为了解决这些问题，要注意保持身体的直立姿势，特别是在手臂屈曲和伸展时要控制动作的速度。初学者可以先使用较轻的负重进行练习，逐渐适应后再增加重量。同时要注意呼吸的配合，在哑铃下放时吸气，上举时呼气，以便更好地控制身体的动作。

图 5-55　臂屈伸练习

动作益处 该动作主要强化肱三头肌的力量。肱三头肌是手臂后侧的主要肌肉，平时在做挥拍、舞剑等动作时都会用到它，练习该动作对于提升老年人的运动能力有很大的帮助。此外，肱三头肌也是手臂做后支撑时的主要肌群，对于提升老年人在发生意外时利用手臂支撑以防止跌倒的能力有重要的作用。长期坚持练习该动作，可以提升手臂的稳定性和力量，改善身体的协调性和平衡性。同时，该动作还可以促进上肢血液循环，缓解肩颈部的紧张和不适感。对于经常使用电脑或患有颈椎病的人来说，该动作具有很好的保健效果。

（四）屈膝侧桥支撑练习

准备姿势 以左侧手臂支撑为例，侧卧在垫子上，左手肘关节着地，左膝轻轻触地，右手则向上伸直，如图5-56所示。整个身体放松，调整呼吸，准备开始练习。

动作要领 从侧卧的起始姿势开始，左侧腰腹部发力，带动躯干与腿部形成一条直线。在这个过程中，头部、躯干和大腿应该始终保持在同一条直线上，没有弯曲或扭曲。保持这个静态支撑姿势一段时间，感受腰腹部的紧绷感。然后，缓慢地恢复到起始姿势。重复进行该动作，逐渐增加保持静态支撑的时间。

常见错误 在练习过程中，容易出现躯干塌腰、臀部前顶或后缩等问题。这些问题会导致练习者的动作不标准，影响练习效果。为了解决这些问题，初学者在进行该项练习时，要特别注意在支撑过程中保持腰腹部的收紧状态。同时，要注意调整头部、躯干和大腿的姿势，确保它们始终成一条直线。随着练习的深入，逐渐增加动作的难度和复杂度，如增加支撑时间。

动作益处 这个侧卧静态支撑动作主要针对躯干两侧的核心肌群进行锻炼。单侧腰腹部的发力可以强化腰腹部肌群的力量，提高身体的稳定性。同时，该动作还能够加强支撑臂一侧的肩部肌群力量，使肩部肌肉平衡发展。对于身体两侧肌群肌力不平衡的老年人而言，加强身体一侧的支撑练习有助于提升躯干两侧的肌力平衡，预防摔倒等意外事故的发生。

图 5-56　屈膝侧桥支撑练习

（五）侧弓步练习

准备姿势　两腿与肩同宽站立，全身放松，双手放在腰部，保持身体重心在两腿之间，目视前方。

动作要领　以左脚为例，左脚向左迈出一大步，同时身体侧向移动，右脚跟随，呈侧弓步姿势，如图 5-57 所示。在此过程中，左膝保持屈曲状态，弯曲角度在 90 度—120 度之间。然后，保持侧弓步蹲的动作 2—3 秒，感受腿部肌肉和髋部肌肉的紧绷感。接下来，右脚用力蹬地，身体重心移回中央，左脚收回，恢复至准备姿势。然后，换另一边腿完成动作相同、方向相反的练习。

常见错误　在完成侧弓步动作的过程中，身体容易向弓步一侧过度倾斜，导致动作不标准。另外，若腰部在弓步时未保持直立，则会导致上半身过度前倾。为了避免这些问题，初学者在练习该动作时应缓慢完成弓步动作，控制好身体的平衡和稳定。同时，要注意保持挺胸直立的姿势，避免上半身过度前倾。随着练习的深入，逐渐增加动作的难度和复杂度，如增大侧弓步的步幅或增加保持侧弓步的时间。

动作益处 侧弓步是一个很好的锻炼腿部和髋部的动作,能够增强髋关节外展和膝关节屈伸的力量。该项练习有助于提升行走或跑步时侧向移动的能力,提高身体的灵活性和稳定性。此外,侧弓步动作还可以增强腿部肌肉的力量和耐力,改善身体的协调性和平衡性。长期坚持练习侧弓步动作,对于提高运动表现和预防运动伤害具有很好的效果。

图 5-57 侧弓步练习

注:该动作对膝关节的负荷较大,因此膝关节有伤病的老年人不建议进行该项练习。对于膝关节力量薄弱的老年人,建议先减小侧弓步的幅度,然后再逐渐增大步幅。

(六)单腿臀桥练习

准备姿势 在进行该项练习之前,需要仰卧在垫子上,双脚分开与髋同宽,膝盖微微弯曲,手掌轻轻地放在身体两侧,掌心朝下。该姿势可以帮助练习者保持平衡,并且为接下来的动作做好准备。

动作要领 在开始练习时,需要确保两个脚掌都稳稳地着地,这样可以为动作提供稳定的支撑。然后,通过背部肌肉的发力,将臀部推到最高点,如图 5-58 所示。在这个过程中,需要保持身体的稳定,不要让臀部左右摇晃。当臀部到达最高点时,可以选择将单侧腿伸直,同时两手撑地以保持平衡。这样可以使肩部、躯干和大腿保持在同一条直线上,从而确保动作是正确的。

常见错误 在进行该项练习时，有些常见错误需要注意。首先，如果肩部、躯干和大腿没有在同一条直线上，那么动作可能就不标准了。这可能会导致训练效果不佳，甚至可能造成伤害。此外，有些人在做支撑动作时会憋气，这也会影响动作的完成质量。在完成整个动作的过程中，应该保持正常的呼吸节奏，以避免脑部缺氧或血压过高造成的眩晕。

动作益处 该动作对于改善身体两侧腰背部肌群的肌力失衡状态非常有效。通过训练，练习者可以提升背部肌群对身体的控制力，使身体更加稳定。此外，对于经常久坐的人群来说，该动作可以增强背部肌群的力量，从而减轻腰部压力，缓解腰部疼痛。

图 5-58 单腿臀桥练习

注：建议练习者通过降低单腿上抬的高度来降低难度。此外，患有高血压的老年人要尽量避免憋气。

（七）仰卧手拍地练习

准备姿势 首先，练习者需要仰卧在垫子上，双腿弯曲，双脚平放在垫子上，双臂自然地放在身体两侧。该姿势是为了确保身体稳定，并能够更好地保证动作的准确性。

动作要领 在保持腹部收紧的同时，需要抬起肩颈部，使头部微微离开地面。然后，慢慢地将双臂伸直，做上下轻拍的动作，如图 5-59 所示。这个轻拍动作可以帮助练习者更好地感受腹部肌肉的收缩和放松。

在整个过程中,需要保持呼吸的均匀和稳定,以帮助练习者更好地控制动作。

常见错误 一个常见的问题是肩颈部没有完全离开地面。这可能会影响对腹部肌肉的刺激效果。为了解决这个问题,可以在抬起肩颈部时,尽量使头部离地面更远一些。但请注意,不要过度抬高颈部,以免造成头部眩晕。老年人或者初学者可以根据自己的身体状况和舒适度适当调整肩颈部离地的距离和练习时间。

动作益处 该动作对于腹部肌群的刺激效果非常好,可以帮助练习者有效地增强腹部肌肉的力量和耐力。此外,该动作还可以帮助练习者提高身体的稳定性,改善身体的柔韧性,有助于减少腹部堆积的脂肪。因此,无论是想要塑造腹部肌肉线条,还是想要提高身体的健康水平,该动作都是一个非常不错的选择。

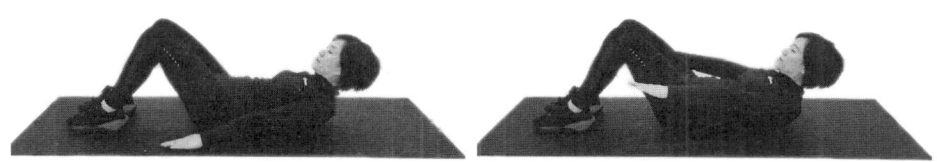

图 5-59 仰卧手拍地练习

注:患有高血压的老年人要适当控制练习的时间,尽量避免憋气。

四、第四套练习方案

本套练习方案适合身体素质较好且经常参与锻炼的老年人。如表 5-9 所示,本套练习中,从上肢动作上看,跑步弯举练习、臂平举转体练习、前平举-扩胸组合练习用于发展上肢与躯干的协调性并增强肌肉力量。从下肢动作上看,深蹲后侧抬腿练习、下蹲摇摆练习、站姿胯下击掌练习等能够增强腿部力量和协调性,改善下肢的肌力平衡。从躯干动作上看,死虫练习被广泛用于改善核心力量。

表 5-9　第四套练习动作简表

练习内容	安排形式	次数	组数	组间休息
跑步弯举练习	循环训练法或重复训练法	8—20 次	3—5 组	30—90 秒
臂平举转体练习				
前平举-扩胸组合练习				
深蹲后侧抬腿练习				
下蹲摇摆练习				
站姿胯下击掌练习				
死虫练习				

（一）跑步弯举练习

准备姿势　两腿与肩同宽站立，保持身体的稳定。膝盖微弯，这样可以减轻对膝关节的压力。两手各抓握一个适当重量的哑铃，如果没有哑铃，也可以使用装满水的矿泉水瓶来替代。肘关节屈曲 90 度，同时贴近体侧。站直身体，调整呼吸，做好准备。

动作要领　如图 5-60 所示，手臂交替进行前后摆动，模拟跑步的姿态。在此过程中，需要尽量保持躯干的平衡和稳定。下肢不能移动，脚掌始终贴地。随着手臂的前后摆动，身体需要跟随手臂的节奏进行轻微的转动。

常见错误　在进行这项练习时，常见的问题包括腿部移动或者手臂与躯干的配合不协调。为了避免这些问题，需要控制好两臂交替摆动的节奏，确保动作的稳定和连贯。同时，要注意保持呼吸的均匀和深沉。在完成整个动作的过程中，保持头部直立，不要过度低头或前倾。

动作益处　该动作对于增强躯干核心区的控制能力和身体的协调能力非常有帮助。通过反复练习，练习者能够在行走和慢跑时使上肢与躯干更好地协调配合起来，提高身体的稳定性。

图 5-60 跑步弯举练习

（二）臂平举转体练习

准备姿势 两腿与肩同宽站立，保持身体的稳定。两手各抓握一个适当重量的哑铃，如果没有哑铃，也可以使用装满水的矿泉水瓶来替代。两臂自然下垂，手掌朝向身体，目视前方，保持平衡，身体放松。

动作要领 两臂向两侧平举，使手臂与地面平行。此时，需要集中注意力，确保两侧手臂都与地面保持水平。然后，以躯干的转动带动身体缓慢向左侧转动 90 度。转动时，要保持手臂与地面平行，同时注意控制好身体的平衡，确保下肢不移动。完成左侧转动后，再缓慢恢复到初始位置，接着向右侧转动 90 度。整个过程需要交替进行，确保两侧转动的平衡，如图 5-61 所示。

常见错误 在进行这项练习时，常见的问题是腿部移动或两侧手臂未与地面平行。为了解决这些问题，需要专注于躯干的转动，确保手臂保持静止状态，同时控制好下肢的动作。在转动过程中，头部的位置也需要保持不变，以保证身体的平衡和动作的稳定性。

动作益处 该动作对于增强三角肌和躯干核心区肌群的力量和协调性非常有帮助。通过反复练习，可以增强这些肌群的耐力，提升身体的平衡能力。

图 5-61　臂平举转体练习

（三）前平举–扩胸组合练习

准备姿势　两腿前后交叉站立，这样可以帮助练习者更好地保持平衡。然后，将弹力带的中点固定在前脚下，确保它稳定不动。两手抓握弹力带的两端，保持腰背部直立，不要弯曲。该姿势是为了使身体稳定，以便更好地保证动作的准确性。

动作要领　接下来，需要两臂同时缓慢做前平举，使手臂与身体前部成90度。在这个过程中，需要保持身体的稳定和平衡，确保动作的流畅和协调。然后，缓慢地在水平面做扩胸动作，使胸部得以展开，如图5-62所示。注意，在这个阶段，手臂应该始终保持与身体成90度角。完成扩胸动作后，再缓慢恢复原位。在整个运动的过程中，需要保持肘关节略微弯曲，这样可以避免过度用力或受伤。

常见错误 一个常见的问题是上拉弹力带时身体前倾。为了解决这个问题，需要保持腰背部直立，不要让身体前倾。另一个问题是扩胸时手臂未保持水平。为了解决这个问题，需要确保在扩胸过程中，手臂始终保持与身体成 90 度角。对于初学者来说，选择重量适宜的弹力带进行练习是非常重要的。

动作益处 该动作能够帮助练习者提升肩胛肌群和背部肌群的力量。由于该动作的风险性较低，并且容易上手，因此特别适合老年人进行练习。反复练习该动作，可以增强肩部和背部的肌肉力量和耐力，提高身体的稳定性和平衡能力。

图 5-62 前平举－扩胸组合练习

(四)深蹲后侧抬腿练习

准备姿势 两腿与肩同宽站立,保持身体的稳定。两手叉腰,目视前方,保持平衡,身体放松。该姿势是为了确保在进行练习时能够保持稳定和平衡。

动作要领 两腿下蹲呈半蹲或微屈膝的姿势,然后迅速起立。在这个过程中,需要保持身体的稳定,不要让重心偏移。起立后,左腿伸直向左侧上方抬起,尽量抬高,然后放下,如图 5-63 所示。注意,腿部侧抬时不要屈膝,保持动作的流畅和协调。完成左侧抬起后,再次下蹲起立,换右腿向右侧上方抬起。整个过程需要反复进行,确保两侧的动作平衡。

图 5-63 深蹲后侧抬腿练习

注:练习者可以在身体前方放置一张椅子作为辅助用具。当侧伸腿时,可以单手扶椅做支撑,辅助完成动作。此外,还可以通过调整上抬腿的高度来控制练习的难度。

常见错误 在进行该项练习时，常见的问题包括腿部侧抬时屈膝和重心不稳。为了解决这些问题，需要加强下肢的平衡能力训练和柔韧性训练。对于腿部侧抬时屈膝的问题，可以通过增强大腿内侧的柔韧性来改善。对于重心不稳的问题，可以通过深蹲练习来提高下肢的稳定性和平衡能力。在练习过程中，要注意动作的准确性和协调性，逐步提高动作的难度和要求。

动作益处 该动作能够增强腰部和臀部肌群的力量，提升身体的平衡能力。反复练习该动作，可以改善身体的协调性和稳定性，提高身体的平衡能力。此外，该动作还可以提高下肢的肌肉力量和柔韧性，对于预防运动损伤和提高运动表现也有积极的作用。

（五）下蹲摇摆练习

准备姿势 两腿微屈，与肩同宽站立，保持身体的稳定。两手握住壶铃（或使用装满水的矿泉水瓶替代）置于两腿之间，保持腰背部伸直，目视前方。该姿势是为了确保身体的平衡和稳定。

动作要领 做伸髋伸膝动作，同时两臂伸直，用力上摆壶铃至水平位置。该动作需要集中注意力，确保壶铃在上升过程中保持平稳，如图5-64所示。完成上摆后，需要立即恢复至原位，确保动作的流畅和协调。在完成整个动作的过程中，要注意控制壶铃下落的速度。

常见错误 一个常见的问题是下蹲时膝关节在垂直面上超过脚尖。为了解决这个问题，需要保持脚尖与膝关节的指向一致，确保重心稳定。另一个问题是壶铃下落时速度过快。为了解决这个问题，需要控制好下落的速度，避免突然的冲击对关节造成伤害。对于老年人来说，在练习该动作时需要保持精力集中，使用伸髋伸膝的力量带动壶铃上摆，避免使用手臂力量将壶铃上提。练习时可以通过调整壶铃的重量来控制动作的难度，多次练习后可以逐渐增加壶铃的重量和动作难度，以适应自己的能力。

动作益处　该动作能够提升全身的协调能力，并增强腰背部肌群的力量。反复练习该动作，可以改善身体的协调性和稳定性，提高身体的平衡能力。此外，该动作还可以增强下肢的力量和柔韧性，对于预防运动损伤和提高运动表现也有积极的作用。

图 5-64　下蹲摇摆练习

（六）站姿胯下击掌练习

准备姿势　两腿与肩同宽站立，保持身体的稳定。两手侧平举，掌心向下，目视前方，身体放松，保持平衡。该姿势是为了保持身体的稳定和平衡。

动作要领　左腿上抬至 90 度，注意保持身体的稳定，不要让重心偏移。同时，两臂在左腿下做击掌动作。完成击掌后，迅速恢复原位，然后进行右膝上抬和击掌动作，如图 5-65 所示。注意，左右侧的动作要保持节奏一致，不要出现明显的速度差异。整个过程需要反复进行，确保动作的准确性和协调性。

常见错误　在进行该项练习时，常见的问题包括胯下击掌时身体过于前倾和膝关节未上抬至水平面。为了解决这些问题，可以先进行原地抬腿动作，以增强下肢的稳定性和平衡能力。然后进行原地抬腿配合手触膝盖动作，以提高动作的准确性和协调性。最后再逐渐过渡到站姿胯下击掌的标准动作。在练习过程中，要注意观察自己的动作，及时纠正问题，提升练习效果。

动作益处 该动作能够增强腹直肌和髂腰肌的力量和耐力，并提高上肢与下肢的协调能力。反复练习该动作，可以改善身体的协调性和稳定性，提高身体的平衡能力。此外，该动作还可以增强腹部和髋部的肌肉力量和柔韧性，对于预防运动损伤和提高运动表现也有积极的作用。

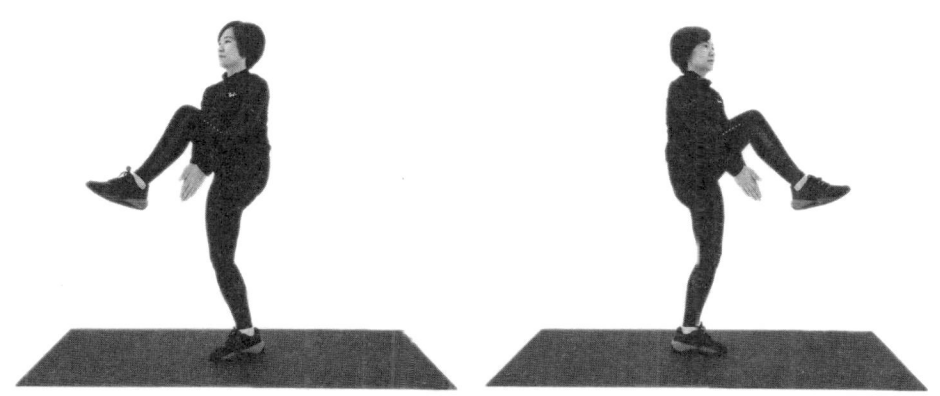

图 5-65　站姿胯下击掌练习

注：该项练习对于部分老年人而言难度较大，建议通过控制抬腿的高度来调整动作难度。此外，建议练习时在前方放置一张椅子作为安全辅助。

（七）死虫练习

准备姿势 仰卧在垫子上，确保身体舒适、放松。屈髋、屈膝90度，使大腿垂直于地面，小腿平行于地面。同时，两臂向上伸直，与地面成90度角，掌心相对。该姿势是为了保持身体的稳定和平衡。

动作要领 左臂缓慢朝头前放下，注意动作的流畅和协调。同时，右腿缓慢伸直下降，使右腿与左臂保持同步。当左臂与右腿接近地面时，保持1—2秒，让肌肉得到充分的锻炼和拉伸。然后，恢复原位，接着进行右臂与左腿的相同动作，如图5-66所示。注意，在整个过程中动作应保持缓慢匀速。

常见错误　在进行该项练习时，常见的问题包括同手同脚和动作速度不均匀。为了解决这些问题，可以先进行分解练习。例如，先进行腿部交替练习，提高下肢的稳定性和平衡能力。然后再逐渐过渡至标准动作，确保动作的准确性和协调性。在练习过程中，要注意观察自己的动作，及时纠正问题，提高练习效果。

动作益处　该动作能够强化腰腹部肌群的力量，以及手臂、躯干与核心区肌群的协调能力。反复练习该动作，可以改善身体的协调性和稳定性，提高身体的平衡能力。此外，该动作还可以增强腹部和髋部的肌肉力量和柔韧性，对于预防运动损伤和提高运动表现也有积极的作用。

图 5-66　死虫练习

注：老年人在练习过程中，可以将脚后跟或手触地，以降低动作的难度。患有高血压的老年人在练习时要根据自身的情况量力而行。

第四节　伸展练习方案

伸展练习的主要目的是使全身的肌肉得到充分的伸展和放松，避免运动后肌肉过度紧绷和僵硬，减轻肌肉的酸痛和疲劳。在进行伸展练习时应循序渐进，量力而行，切忌在外力的作用下过度牵拉。伸展练习方案的内容如表 5-10 所示。

表 5-10　伸展练习方案内容简表

练习内容	安排形式	次数	组数	组间休息
颈部伸展练习	循环训练法	8—20 次	2—3 组	15—30 秒
臂水平拉伸练习				
侧伸展练习				
胸部伸展练习				
正压腿练习				
坐姿正压腿练习				
侧压腿练习				
扶椅侧压腿练习				
扶椅小腿伸展练习				
转体伸展练习				
坐姿屈腿伸展练习				
扶墙后拉腿练习				

（一）颈部伸展练习

准备姿势　站立或坐在椅子上。确保身体放松，不要过于紧张。

动作要领　用手抓住头部，注意力度要适中，不要过于用力。然后，向左边、右边、后面做缓慢的拉伸动作，如图 5-67 所示。在完成整个动作的过程中，要保持肩颈部处于放松状态，不要过度用力或紧张。

常见错误　在进行该项练习时，常见的问题是颈部过于紧张。为了解决这个问题，应该缓慢拉伸颈部韧带，感受韧带被拉长的感觉。在拉伸过程中，要保持呼吸顺畅，不要憋气。个别韧带较差的老年人在练习时应该循序渐进，不要急于求成。在练习过程中，要注意观察自己的动作，及时纠正问题，提升练习效果。

动作益处　该动作能够让颈部肌群得到放松，缓解颈部疲劳。反复练习该动作，可以改善颈部的血液循环，缓解颈部疼痛和僵硬感。此外，该动作还可以增强颈部的柔韧性和肌肉力量，提升身体的协调性和稳定性。因此，无论是长期坐着工作的人还是老年人，都可以尝试练习该动作来缓解颈部疲劳和不适感。

图 5-67 颈部伸展练习

（二）臂水平拉伸练习

准备姿势 坐在椅子上或站立。确保身体放松，保持稳定。

动作要领 左臂朝右侧做侧平举动作，与肩部保持平行。同时，用右手将左臂朝身体方向拉动，进行水平拉伸练习，如图 5-68 所示。在拉伸过程中，要保持放松状态，不要过度用力或紧张。可以适当向伸展一侧做体转动作，加大韧带的拉伸强度。在练习过程中，要注意观察自己的动作，确保被拉伸的手臂处于水平位置。

图 5-68 臂水平拉伸练习

常见错误 在进行该项练习时，常见的问题是被拉伸的手臂未处于水平位置。为了解决这个问题,应该注意将手臂放置在水平位置,不能过高或者过低。在拉伸过程中,应保持呼吸顺畅,不要憋气。个别韧带较差的老年人在练习时应该循序渐进,不要急于求成。在练习过程中,要注意观察自己的动作,及时纠正问题,提升练习效果。

动作益处　该动作能够拉伸肩后部肌群,缓解肩背部肌肉的疲劳。反复练习该动作可以改善肩背部的血液循环,缓解肩背部的疼痛和僵硬感。此外,该动作还可以增强肩背部肌群的柔韧性和肌肉力量,提高身体的协调性和稳定性。

(三)侧伸展练习

准备姿势　两腿分开,比肩略宽,目视前方。这样可以确保重心稳定,有利于后续动作的进行。

动作要领　两臂侧平举,让手臂与地面平行,手掌朝前。然后,如图 5-69 所示,上身在额状面做顺时针转动,该动作的目的是让手臂尽量触碰同侧的脚踝。需要控制好转动的幅度,不要过度转动以免造成不必要的伤害。完成顺时针转动后,再进行逆时针转动。在整个过程中动作应缓慢匀速。

常见错误　在进行该项练习时,常见的问题是侧伸展时上身过度前倾,或者腰背部未伸直。这可能会影响动作的效果,甚至可能造成伤害。针对这个问题,两侧腰背部韧带不足的练习者可以先减少侧伸展的幅度,保持腰背部的直立状态。在练习过程中,要注意观察自己的动作,及时纠正问题,提升练习效果。

动作益处　该动作能够锻炼腰背部两侧的韧带,提升脊柱的灵活性。反复练习该动作可

图 5-69　侧伸展练习

以有效地预防老年人腰部扭伤和跌倒等现象。这主要是因为该动作能够增强腰背部的肌肉力量和柔韧性，提升身体的平衡性和稳定性。此外，该动作还可以改善身体的协调性和灵活性，对于老年人的日常活动和保健有一定的益处。

（四）胸部伸展练习

准备姿势　首先，两腿与肩同宽站立，一只手在背部抓握住另一只手。身体保持直立，目视前方。该姿势是为了保持身体的稳定和平衡。

动作要领　将手在背部握紧，向后上方提拉，牵拉胸前肌群韧带，如图 5-70 所示。在提拉过程中，要保持肩部放松，不要耸肩或用力过猛。同时，注意保持呼吸顺畅，不要憋气。

常见错误　在进行该项练习时，常见的问题是两侧肩部未充分向后展开。这可能是

图 5-70　胸部伸展练习

手抓握不够紧或者动作不规范所导致的。针对这个问题，部分两手抓握有一定困难的老年人可以先抓握绳子，然后逐渐减小抓握距离。在伸展过程中，应体会胸前韧带被充分拉长的感觉，并保持肩部放松。

动作益处　该动作能够提升胸部肌群的柔韧性，改善驼背和圆肩等不良姿势。反复练习该动作可以加强胸部肌肉的力量和伸展性，提高身体的协调性和稳定性。此外，该动作还可以改善身体的姿势和气质，对于老年人来说尤其有益。

（五）正压腿练习

准备姿势　选择一把高度合适的椅子，站在椅子前方。然后，抬起

一条腿,将脚部轻轻放置在椅子上,确保两腿伸直,脚尖尽量朝向身体。该姿势是为了保持身体的稳定和平衡。

动作要领 两手向前伸,缓慢做下压腿的动作。在压腿的过程中,尽量让手指触碰脚尖,这样可以更好地拉伸大腿后部的肌群,如图5-71所示。在完成整个动作的过程中,应尽量保持两腿伸直和腰背部的直立状态。这样可以确保动作的准确性和安全性。

图 5-71　正压腿练习
注:老年人在练习过程中,建议寻找稳定且固定的支撑物,根据自身的情况量力而行。

常见错误 在进行该项练习时,常见的问题是压腿时膝关节和背部弯曲。这可能是动作幅度过大或者力量不足所导致的。为了解决这个问题,初学者在进行该项练习时,应先保证两腿和背部的直立状态,然后再逐步增大压腿动作的幅度。在练习过程中,要注意观察自己的动作,及时纠正问题,提升练习效果。

动作益处 该动作能够提升大腿后部肌群的柔韧性,提高髋关节和脊柱的灵活度。反复练习该动作可以加强大腿后部肌肉的力量和伸展性,提高身体的协调性和稳定性。此外,该动作还可以改善身体的姿势和气质,对于身体柔韧性的提升有一定的帮助。

(六)坐姿正压腿练习

准备姿势 坐在椅子上,确保身体舒适放松。然后,将一条腿伸直,脚尖上勾,这样可以更好地拉伸大腿后部的肌群。同时,保持腰背部尽量伸直,这样可以保证动作的准确性和安全性。

动作要领　两手缓慢向前伸，尽量让手指触碰脚尖，如图 5-72 所示。在伸展过程中，要保持两腿伸直和腰背部直立的状态，这样可以更好地拉伸大腿后部的肌群。同时，注意呼吸顺畅，不要憋气。

常见错误　在进行该项练习时，常见的问题是两手向前

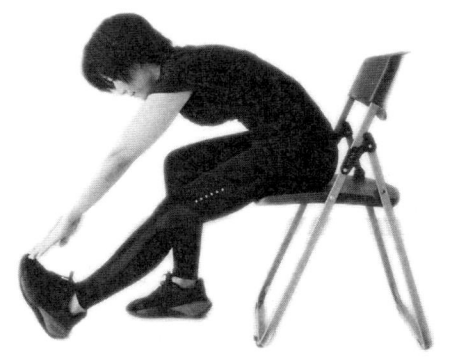

图 5-72　坐姿正压腿练习

伸时膝关节弯曲，或者腰背部弯曲。这可能会影响动作的效果和安全性。为了解决这个问题，练习者需要注意保持伸展腿的伸直状态，同时体会股后肌群被充分拉长的感觉。在练习过程中，要注意观察自己的动作，及时纠正问题，提升练习效果。

动作益处　该动作能够提升大腿后部肌群的柔韧性。由于该动作是坐在椅子上完成的，安全性相对较高，适合初学者。反复练习该动作可以加强大腿后部肌肉的力量和伸展性，提高身体的协调性和稳定性。此外，该动作还可以改善身体的姿势和气质，对于身体柔韧性和平衡性的提升有一定的帮助。

（七）侧压腿练习

准备姿势　选择一个高度合适的椅子，站在椅子正面。然后，侧抬腿将脚部放置在椅子上，确保身体平衡。该姿势是为了保持身体的稳定和舒适。

动作要领　如图 5-73 所示，躯干侧伸展，牵拉大腿内侧肌群。在牵拉的过程中，要保持缓慢匀速的动作，不要过度用力或快速拉伸。同时，要注意保持支撑腿和拉伸腿的伸直状态，这样可以更好地拉伸大腿内侧

肌群。在完成整个动作的过程中，应尽量保持腰背部的直立状态，避免身体过于前倾。

常见错误 在进行该项练习时，常见的问题是膝关节弯曲。这可能会影响动作的效果和安全性。为了解决这个问题，练习者需要注意保持支撑腿和拉伸腿的伸直状态，同时体会股内侧肌群被充分拉长的感觉。此外，在完成动作的过程中应避免身体过于前倾，保持腰背部的直立状态。在练习过程中，要注意观察自己的动作，及时纠正问题，提升练习效果。

图 5-73 侧压腿练习

注：老年人在练习过程中，建议寻找稳定且固定的支撑物，注意保持身体平稳，并根据自身的情况量力而行。

动作益处 该动作能够提升大腿内侧肌群的柔韧性，改善髋关节和脊柱的灵活度。反复练习该动作可以增强大腿内侧肌肉的力量和伸展性，提高身体的协调性和稳定性。此外，该动作还可以改善身体的姿势和气质，对于身体柔韧性和平衡性的提高有一定的帮助。

（八）扶椅侧压腿练习

准备姿势 练习者需要用一只手稳固地扶住椅子（在条件允许的情况下，墙壁也是一个合适的选择），另一只手则轻置于腰部。两腿与肩同宽，分开站立，以确保身体重心的稳定。

动作要领 如图 5-74 所示，靠近椅子一侧的腿部做屈膝动作，同时另一条腿向外伸展，使大腿内侧肌群得到拉伸。在此过程中，应保持动作的缓慢匀速，不要过度用力或快速拉伸。在完成整个动作的过程中，应尽量保持腰背部的直立状态，避免身体过于前倾。

常见错误 在进行该项练习时，常见的问题是膝关节屈曲时超过脚尖，或腰背部未呈直立状态，而该错误动作会使身体过于前倾，进而影响身体的平衡与稳定。为了解决这个问题，练习者需要注意

图 5-74 扶椅侧压腿练习

保持腰背部的直立状态，同时控制膝关节的屈曲角度。在练习过程中，练习者要注意观察自己的动作，及时纠正错误动作，提升练习效果。

动作益处 该动作能够提升大腿内侧肌群的柔韧性，提高髋关节的灵活度。此外，该动作对于提升下肢肌群的力量和耐力也具有较好的效果。该动作适合两腿力量弱、柔韧性失衡的老年人。练习者可以通过该项练习强化较弱一侧腿部的力量和柔韧性。

（九）扶椅小腿伸展练习

准备姿势 借助稳定的支撑物，如一张椅子或是一堵墙。然后，两手扶住支撑物，两腿与肩同宽站立，脚尖朝前。在进行练习时，这样的姿势能够确保身体的稳定和平衡。

动作要领 如图 5-75 所示，一条腿后伸，将脚掌完全着地。该动作的目的是伸展小腿肌群。在伸展的过程中，要保持动作的

图 5-75 扶椅小腿伸展练习

缓慢和匀速,不要过度用力或快速拉伸。同时,要注意保持身体的平衡和稳定,不要摇晃或失去重心。

常见错误 在进行该项练习时,常见的问题是脚掌未完全着地。这可能会导致小腿肌群的伸展不够充分。为了解决这个问题,练习者需要注意将身体的重心前移,确保脚掌完全着地。同时,要体会小腿肌群被牵拉伸展的感觉,这样能够更好地拉伸肌肉,避免受伤。在练习过程中,要注意观察自己的动作,及时纠正问题,提升练习效果。

动作益处 该动作能够充分拉伸小腿肌群,缓解小腿酸痛。反复练习该动作可以加强小腿肌肉的力量和伸展性,提升身体的协调性和稳定性。此外,该动作还可以改善身体的姿势和气质,对于身体柔韧性和平衡性的提升有一定的帮助。

(十)转体伸展练习

准备姿势 两腿与肩同宽站立,确保身体的稳定。手臂置于体侧,背对墙壁,离墙壁约0.5米。这样的姿势能够让练习者在接下来的动作中保持平衡和稳定。

动作要领 如图5-76所示,上身缓慢绕着垂直轴,向后做身体转动动作。在转体的过程中,要尽量让手掌触碰墙壁。该动作能够有效地拉伸腰背部肌群,提升脊柱的灵活性。在转动的过程中,要保持动作的缓慢和匀速,避免过度用力或快速转动,以免造成不必要的伤害。

图5-76 转体伸展练习

常见错误 在进行该项练习时,常见的问题是转体时两脚移动。这可能会影响动作的准确性和稳定性。为了解决这个问题,初学者在进行该项练习时,可以先减小转动的幅度,待躯干灵活度提升后，再逐渐增大躯干转动的幅度。同时，要注意保持身体的平衡和稳定，不要过度前倾或后仰，以免造成不必要的伤害。在练习过程中，要注意观察自己的动作，及时纠正问题，提升练习效果。

动作益处　该动作能够拉伸腰背部肌群，提升脊柱的灵活性。反复练习该动作可以加强腰背部肌肉的力量和伸展性，提高身体的协调性和稳定性。此外，该动作还可以改善身体的姿势和气质，对于身体柔韧性和平衡性的提升有一定的帮助。

（十一）坐姿屈腿伸展练习

准备姿势　首先，坐在椅子上，确保身体舒适。然后，将一条腿屈膝90度并架在另一条腿的膝部。该姿势能够让练习者在接下来的动作中保持平衡和稳定。

动作要领　接下来，需要挺直上身，保持腰背部直立。然后，缓慢做下压动作，使胸部尽量贴近腿部，如图5-77所示。该动作能够充分牵拉腰背部肌群，帮助缓解腰背部的疲劳和紧张。在牵拉的过程中，要保持动作的缓慢和匀速，避免过度用力

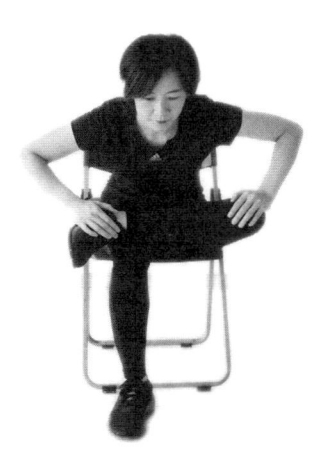

图5-77　坐姿屈腿伸展练习

或快速拉伸。同时，要注意保持身体的平衡和稳定，不要摇晃或失去重心。

常见错误　在进行该项练习时，常见的问题是下压时上身未保持直立。这可能会影响动作的准确性和安全性。为了解决这个问题，初学者在进行该项练习时，应该控制身体下压的幅度，避免下压过快或者过度。同时，要注意保持腰背部挺直，不要弯曲或扭曲身体。在练习过程中，要注意观察自己的动作，及时纠正问题，提升练习效果。

动作益处　该动作能够拉伸股外侧肌群，缓解腿部疲劳。反复练习

该动作可以加强股外侧肌肉的力量和伸展性，提高身体的协调性和稳定性。此外，该动作还可以改善身体的姿势和气质，对身体柔韧性和平衡性的提升有一定的帮助。

（十二）扶墙后拉腿练习

准备姿势 两腿与肩同宽站立，确保身体的稳定。目视前方，保持身体直立。这样的姿势能够让练习者在接下来的动作中保持平衡和稳定。

动作要领 一只手扶住墙壁或者椅子，以提供必要的支撑。另一只手抓握脚踝处，将脚向后上方提拉，如图5-78所示。该动作能够有效地拉伸股直肌。为了增大拉伸的幅度，可以在提拉脚踝的同时，向后上方轻轻用力，使腿部进一步向上拉伸。在拉伸的过程中，要保持动作的缓慢和匀速，避免过度用力或快速拉伸，以免造成不必要的损伤。

图5-78 扶墙后拉腿练习

常见错误 在进行该项练习时，常见的问题是拉伸时上身未保持直立，或拉伸时大腿与小腿未在同一平面内。这样可能会影响动作的准确性和稳定性，甚至可能造成肌肉拉伤。为了解决这些问题，初学者在进行该项练习时，应该特别注意保持身体直立，不要过度前倾或后仰。同时，要注意使大腿与小腿保持在同一平面内，确保动作的准确性。在练习过程中，要注意观察自己的动作，及时纠正问题，提升练习效果。

动作益处 该动作能够充分拉伸股直肌，缓解大腿前部肌群的疲劳。股直肌是下肢运动使用到的主要肌群，反复练习该动作可以增强股直肌的力量和伸展性，提高身体的协调性和稳定性。

第六章 老年人体育锻炼风险防控

由于年龄和生理上的变化,老年人锻炼时存在一定的运动损伤风险。因此,了解体育锻炼风险的特征及其存在的原因至关重要。为降低风险,老年人应接受科学指导,注意运动环境,提高运动损伤风险的防范意识。

一方面，老年人积极参与体育锻炼能够显著提高他们的身体活动功能。通过有规律的运动，老年人可以增强肌肉力量，改善心肺功能，提高身体的灵活性和协调性，进而促进整体的身体健康。对于老年人来说，这种身体功能的提升不仅有助于应对日常生活的挑战，还能提高他们的生活质量，使他们在晚年依然保持活力和独立性。

然而，另一方面，我们也必须认识到，老年人参与体育锻炼时仍然会存在一定的运动损伤风险。由于年龄增长带来的生理变化，如骨质疏松、关节磨损等，老年人在运动过程中更容易受伤。此外，一些老年人可能患有慢性疾病或心血管疾病，这些疾病也可能增加运动时的风险。因此，如果老年人在锻炼时不注意安全或方法不当，就有可能对身体造成严重的伤害。

为了降低老年人体育锻炼的风险，充分了解体育锻炼风险的特征并识别其存在的原因就显得尤为重要。我们需要深入研究老年人在体育锻炼中可能遇到的各种风险因素，包括环境因素、个人因素以及运动本身的因素等。只有全面了解这些风险因素，才能有针对性地采取措施来规避它们。因此，对老年人体育锻炼风险进行介绍是非常有必要的。通过向老年人普及体育锻炼风险的知识，教授他们正确的锻炼方法和技巧，以及提醒他们在锻炼过程中需要注意的安全事项，有效地降低他们受伤的风险。这将为老年人参与体育锻炼提供更安全的环境和更有力的保障，从而增加他们锻炼的安全系数。

第一节　老年人体育锻炼风险的特征

老年人的体育锻炼风险受到多种因素的影响，包括他们的身体功能状况、运动时的环境条件以及突发状况。这些因素决定了他们在锻炼过程中可能面临更大的风险。这些风险的特征主要表现在以下几个方面。

一、体育锻炼风险的客观性

当老年人进行体育锻炼时，其风险是客观存在的，与锻炼行为相伴而生。无论在何种情况下，只要存在可能的风险，在外因和内因的共同作用下，这些风险就有可能变为现实。这些风险包括机体自身的固有风险、运动项目的固有风险以及运动环境的固有风险。例如，部分老年人可能患有高血压、心脏病等慢性病，在运动时可能会出现心悸、呼吸困难等症状。虽然我们可以采取一系列的防范措施来降低风险发生的可能性和损失，但完全消除体育锻炼的风险是不可能的。老年人必须认识到这一点，并时刻保持警惕，以降低风险发生的概率。

二、体育锻炼风险的不确定性和偶然性

老年人体育锻炼风险事件发生的原因和时间都是无法预测的，具有不确定性和偶然性。这种不确定性可能源自多种因素，包括运动方式、地点、时间和损伤程度等。老年人可能在运动时因为姿势不当而造成意外损伤，如跑步时突然扭伤脚踝等。因此，风险事件可能在任何时候发生，这使得预防工作更具有挑战性。老年人需要认识到这种不确定性，并在锻炼过程中保持警觉，以便及时应对可能出现的风险事件。

三、体育运动损伤的危害性

随着年龄的增长，老年人的生理功能逐渐衰退，运动系统退化，器官衰老，各种疾病也可能相继侵袭。这些因素使他们在进行体育锻炼时更容易受到伤害，例如老年人半月板磨损导致运动时发生关节肿胀。严重时，可能会因为锻炼方法不当或运动量控制不当而引发疾病，甚至导致猝死的严重后果。因此，老年人应该特别注意自己的身体状况，选择适合自己的锻炼方式，控制好运动量，以避免运动损伤的发生。

四、运动环境的季节性影响

近年来,研究者发现,冬季是老年人体育锻炼伤害的高发期,其伤害发生率明显高于夏季。研究认为,冬季的气候条件容易诱发老年病。此外,气候寒冷地区的锻炼条件和恶劣的环境也是造成体育锻炼伤害的主要原因之一,这进一步增加了体育锻炼的风险。因此,在冬季气候寒冷地区的老年人在运动时容易冻伤,因此应特别注意运动环境的选择,尽量选择在室内进行锻炼或寻找较为安全和舒适的户外场地。同时,也要关注天气预报和气候变化的情况,以避免恶劣天气带来的潜在风险。

第二节 老年人体育锻炼风险存在的原因分析

一、老年人的健康状况对体育锻炼风险的影响

随着年龄的增长,老年人的身体健康状况逐渐下降,心血管疾病、消化系统疾病和关节病等常见疾病增加了他们在体育锻炼时发生危险的概率。这些疾病的相对严重性在不同个体间存在较大的差异,因此,老年人自身的健康状况是导致体育锻炼风险的内因。

二、环境因素对老年人体育锻炼风险的影响

环境因素是老年人发生锻炼风险的另一重要影响因素。环境因素对老年人的身体变化构成挑战,其威胁程度取决于老年人的内在因素、行为表现以及暴露于这种环境因素的机会。此外,不同人群在面对不同环境因素时的反应也有所不同,相对健康的老年人比起虚弱的老年人,其体育锻炼风险事件的发生概率更低。在调查环境因素的作用时,分析发生锻炼风险的直接原因比确定风险发生的地点更为重要。例如,绊倒和滑倒等意外事件与环境因素的关系最为密切。研究显示,绊倒和滑倒在老年人发生的意外事件中占20%—53%的比例,而个体平衡能力差和缺

乏迅速的平衡纠正则是导致被绊倒后发生危险的主要原因。

三、缺乏锻炼知识对老年人锻炼风险的影响

许多老年人在参与体育锻炼时往往缺乏科学合理的指导。他们往往根据自己的经验进行锻炼，没有明确的锻炼原则和方法。在锻炼内容的选择上，他们可能不会根据自身的情况选择合适的锻炼项目，导致出现不合适的锻炼方式或错误的锻炼方法。例如，一些不适合参与马拉松跑的老年人可能因为错误的选择而发生猝死事件。此外，在理论上缺乏科学合理的健身指导也是一个问题。许多老年人在锻炼方面存在误区，例如认为早上锻炼身体更好，但实际上早晨人体血压较低、心率较慢，心脑血管系统不稳定，容易引起疾病发作。此外，早晨的空气质量较差，特别是在雾霾天气下，不适合晨练。因此，老年人在上午或黄昏时进行锻炼比较妥当。然而，许多老年人并没有意识到这些风险的存在，从而增加了锻炼过程中损伤事件发生的风险。

第三节　老年人规避体育锻炼风险的对策

一、提高风险的防范意识

我们要加强老年人体育锻炼风险的教育，老年人也应充分了解自身的健康状况，全面了解自身的身体功能状况和内在危险因素。一旦发现机体的内在危险因素，要及早予以治疗，并懂得如何自我防范和自我保健等，尽可能地消除危险因素以减少风险的发生。切忌在身体状态不佳的情况下坚持进行锻炼。老年人进行体育锻炼的目的是强身健体，如果因为体育锻炼而对身体造成了额外的负担，加重了原有的慢性疾病等问题，则应停止体育锻炼，或选择更为合理的锻炼活动。

二、学习科学的锻炼方法

由于许多老年人没有系统地接受过科学的体育健身知识教育，他们在参与体育锻炼时会比较盲目。因此，老年人应该积极参加专题讲座、学习科学锻炼课程，并积极参与老年大学、老年体育协会的相关课程。老年人应了解和掌握体育锻炼风险知识，特别是掌握体育活动安全防范知识，这样不仅能够提高老年人的科学锻炼意识与锻炼效果，也能提高老年人对体育锻炼风险的自我防范能力和危险情况下的自救能力，降低体育锻炼风险。

三、注意锻炼的环境条件

在锻炼过程中，老年人应该充分认识到会引起运动损伤风险的危险环境，并有针对性地改变运动环境，将其变为适合老年人进行锻炼的环境。例如，老年人在高温天气下锻炼容易引起中暑，因此，要避免在不安全的场所、炎热或寒冷的气候下锻炼。此外，在锻炼过程中还要注意场地是否湿滑、鞋底是否光滑、地面是硬地还是草地等环境因素，做好意外跌倒的防范措施。

参考文献

[1] 冯连世. 运动处方 [M]. 北京：高等教育出版社，2020.

[2] 桑塔纳. 功能性训练：提升运动表现的动作练习和方案设计 [M]. 王雄，袁守龙，译. 北京：人民邮电出版社，2017.

[3] 李金平，徐德均，邓克维. 体育锻炼对老年人心理健康及幸福度的影响 [J]. 中国公共卫生，2006，22（4）：390-391.

[4] 毛志雄，韩旭. 身体锻炼的情绪效益：研究与思考 [J]. 天津体育学院学报，1998，13（2）：15-22.

[5] 何颖. 体育锻炼对大学生抑郁水平的影响及其心理中介变量——身体自尊的研究 [D]. 上海：华东师范大学，2002.

[6] 方云龙. 体育锻炼与老年人主观幸福感的相关性研究 [D]. 重庆：重庆大学，2017.

[7] 陈作松. 身体锻炼与主观幸福感的研究综述 [J]. 体育科学，2005，25（5）：65-68.

[8] 廖婷. 青少年功能性力量训练体系构建及训练方法的应用研究 [D]. 武汉：武汉体育学院，2020.

[9] 牛永刚. 人体运动链功能训练结构模型研究 [D]. 石家庄：河北师范大学，2016.

[10] 孙永生. 我国身体运动功能训练的理论研究 [D]. 北京：首都体育学院，2022.

［11］韩佳琳.老年人群跌倒现况、风险评估及康复干预的研究［D］.青岛：青岛大学，2017.

［12］张丽.老年人群跌倒危险因素和康复干预效果的流行病学研究［D］.北京：中国人民解放军医学院，2013.

［13］孙越超.老年人肌少症与骨质疏松的相关性研究［D］.天津：天津体育学院，2023.

［14］王道，陈莹.功能训练对老年人身体功能能力影响的研究进展［J］.体育科研，2021，42（2）：60-67.

［15］曹玲，杨光.老年人功能性前伸测试法的实用价值［J］.中国老年学杂志，2014，34（15）：4399-4401.

［16］张冉，余波.功能性前伸测试研究进展［J］.实用老年医学，2020，34（7）：728-730.

［17］孙嘉泽.上肢功能性前伸测试预测老年住院患者跌倒危险的有效性研究［J］.中国当代医药，2018，25（25）：173-176.

［18］刘立明，瓮长水，王娜，等.5次坐立试验对老年人运动功能的评估价值［J］.中国康复理论与实践，2010，16（4）：359-361.

［19］侯曼，侯佳，王汉玉.对60—89岁老年人下肢柔韧性的测试研究［J］.北京体育大学学报，2004，27（1）：57-59.

［20］燕铁斌."起立-行走"计时测试简介——功能性步行能力快速定量评定法［J］.中国康复理论与实践，2000（3）：19-21.

［21］鲍春蓉，吴绪波，卞邹吉，等.计时"起立-行走"测试应用于社区老年人的信效度［J］.中国老年学杂志，2021，41（23）：5407-5410.

［22］袁金风，张秋霞，陆阿明.闭眼单脚站立方法在体质测试中的应用［J］.中国组织工程研究，2013，17（33）：6049-6054.

［23］李国强.城市社区老年人功能体适能与跌倒风险关系研究［D］.

南京：南京师范大学，2019.

［24］林永铭.气排球运动损伤的调查报告［J］.福建体育科技，2004（5）：23-25.

［25］周晓卉.老年人在晨练中常见的运动损伤及预防［J］.井冈山医专学报，2006（3）：11-16.

［26］叶莹，韩辉武，周秋红，等.运动是一剂良药——《国际老年人运动建议（ICFSR）：专家共识指南》要点解读［J］.实用老年医学，2022，36（9）：968-972.

［27］吴云梅，杨芸，罗仕兰.《老年人国际运动建议：专家共识指南》解读［J］.护理研究，2022，36（10）：1701-1705.

［28］顾志勇.老年人功能康复训练与健身锻炼过程中的常见误区及改进措施［J］.中国老年学杂志，2018，38（22）：5629-5631.

［29］李诗芬.老年人运动功能训练方法的实施及其影响的研究［D］.北京：北京体育大学，2012.

［30］宋洲洋，石岩.中老年人体育锻炼风险认知的实证研究［J］.体育科学，2010，30（5）：25-32+48.

［31］石岩，宋洲洋.中老年人体育锻炼风险认知研究［J］.体育与科学，2010，31（1）：73-80.

［32］韩国纲，张守信.人口老龄化背景下哈尔滨市老年人冬季体育锻炼现状调查［J］.冰雪运动，2014，36（2）：92-96.

［33］李瑛.太原市老年人参与体育锻炼的风险研究［D］.太原：山西大学，2006.

［34］韩国纲，张守信.中老年体育锻炼风险及风险规避［J］.体育世界（学术版），2015（2）：128-130.

［35］庞琳，许群，金水高.健康寿命年——一个新的测量疾病负担的指标［J］.卫生研究，1999（2）：63-65.

[36] HAYDEN R M, ALLEN G J. Relationship between Aerobic Exercise, Anxiety and Depression: Convergent Validation by Knowladge Able in Form Ants [J] . J Sports Med, 1984 (24) : 69-274.

[37] SPIRDUSO W W. Physical Dimensions of Aging [M] . Champaig IL: Human Kinetics Publishers, 1995.

[38] PEREIRA F B, LEITE A F, DEPAULA A P. Relationship between Pre-Sarcopenia, Sarcopenia and Bonemineral Density in Elderly Men [J] . Arch Endocrinol Metab, 2015, 59 (1) : 59-65.

[39] AYDIN G, ATALAR E, KELE I, et al. Predictive Value of Grip Strength for Bone Mineral Density in Males: Site Specific or Systemic? [J] . Rheumatol Int, 2006, 27 (2) : 125-129.

[40] RIBOM E, LJUNGGREN O, PIEHL-AULIN K, et al. Muscle Strength Correlates with Total Body Bone Mineral Density in Young Women but not in Men [J] . Scand J Med Sci Sports, 2004, 14 (1) : 24-29.

[41] LEE K, LEE J Y, KIM Y H. Low Grip Strength and Muscle Mass Increase the Prevalence of Osteopenia and Osteoporosis in Elderly Women [J] . Healthcare (Basel) , 2021, 9 (4) : 5-15.

[42] WADE S W, STRADER C, FITZPATRICK L A, et al. Estimating Prevalence of Osteoporosis: Examples from Industrialized Countries [J] . Arch Osteoporos, 2014, 9: 182.

[43] SVEDBOM A, HERNLUND E, IVERGÅRD M, et al. Osteoporosis in the European Union: A Compendium of Country-Specific Reports [J] . Arch Osteoporos, 2013, 8: 137.

[44] ZAMANI M, ZAMANI V, HEIDARI B, et al. Prevalence of Osteoporosis with the World Health Organization Diagnostic Criteria in the Eastern Mediterranean Region: A Systematic Review and Meta-Analysis [J] .

Arch Osteoporos, 2018, 13 (1): 129.

[45] YU T Y, CHO H, KIM T Y, et al. Utilization of Osteoporosis-Related Health Services: Use of Data from the Korean National Health Insurance Database 2008—2012 [J]. J Korean Med Sci, 2018, 33 (3): 20.

[46] WEAVER C M, GORDON C M, JANZ K F, et al. The National Osteoporosis Foundation's Position Statement on Peak Bone Mass Development and Lifestyle Factors: A Systematic Review and Implementation Recommendations [J]. Osteoporosis International, 2016, 27 (4): 1281-1386.

[47] GUADALUPE-GRAU A, FUENTES T, GUERRA B, et al. Exercise and Bone Mass in Adults [J]. Sports Med, 2009, 39 (6): 439-468.

[48] LIU C J, LATHAM N K. Progressive Resistance Strength Training for Improving Physical Function in Older Adults [J]. International Journal of Older People Nursing, 2011, 6 (3): 244-246.

[49] BEIJERS BERGEN C M I, GRANACHER U, VANDERVOORT A A, et al. The Biomechanical Mechanism of How Strength and Power Training Improves Walking Speed in Old Adults Remains Unknown [J]. Ageing Research Reviews, 2013, 12 (2): 618-627.

[50] MINICK K I, KIESEL K B, BURTON L, et al. Interrater Reliability of the Functional Movement Screen [J]. Journal of Strength & Conditioning Research, 2010, 24 (2): 479-486.

[51] NORAN N, ROBERT G. Loss of Muscle Strength, Mass (Sarcopenia), and Quality (Specific Force) and Its Relationship with Functional Limitation and Physical Ability: The Concord Health and Ageing in Men Project [J]. Journal of the American Geriatrics Society, 2010, 58 (11): 2055-2062.

[52] HUGHES V A, FRONTERA W R, WOOD M, et al. Longitudinal Muscle Strength Changes in Older Adults: Influence of Muscle Mass, Physical Activity, and Health [J]. Journal of Gerontology, 2001 (5): 209-217.

[53] MCGEE C W, MATHIOWETZ V. The Relationship between Upper Extremity Strength and Instrumental Activities of Daily Living Performance among Elderly Women [J]. Occupation, Participation and Health, 2003, 23 (4): 143-154.

[54] MANINI T, MARKO M, VAN ARNAM T, et al. Efficacy of Resistance and Task-Specific Exercise in Older Adults Who Modify Tasks of Everyday Life [J]. Gerontol A. Biol. Sci. Med. Sci., 2007, 62: 616-623.

[55] MARZO E, DA S G, MARCELI M A, et al. Functional Training Induces Greater Variety and Magnitude of Training Improvements than Traditional Resistance Training in Elderly Women [J]. Journal of Sports Science and Medicine, 2019, 18: 789-797.

[56] HAWLEY J A. Specificity of Training Adaptation: Time for a Rethink? [J]. The Journal of Physiology, 2008, 586 (1): 1-2.

[57] REILLY T, WHYTE T M. The Specificity of Training Prescription and Physiological Assessment: A Review [J]. Journal of Sports Sciences, 2009, 7 (6): 575-589.

[58] GINÉ-GARRIGA M, GUERRA M, PAGÈS E, et al. The Effect of Functional Circuit Training on Physical Frailty in Frail Older Adults: A Randomized Controlled Trial [J]. Journal of Aging & Physical Activity, 2010, 18 (4): 401-424.

[59] CHIUNG-JU L, DEEPIKA M S, LEAH Y, et al. Systematic Review of Functional Training on Muscle Strength, Physical Functioning,

and Activities of Daily Living in Older Adults [J]. European Review of Aging and Physical Activity, 2014, 11 (2): 95-106.

[60] BALACHANDRAN A, MARTINS M M, DEFAVERI F G, et al. Functional Strength Training: Seated Machine vs Standing Cable Training to Improve Physical Function in Elderly [J]. Experimental Gerontology, 2016, 82: 131-138.